아이디어로 돈벌 궁리 절대로 하지 마라

절대로 돈 안되는 아이디어 모음집

소담출판사

아이디어로
돈벌 궁리 절대로 하지 마라

펴낸날	2002년 9월 15일 초판 1쇄
	2002년 10월 25일 초판 2쇄
지은이	전유성 송영욱 김대일 정효철 김헌기
그린이	소영규 최성석
펴낸이	이태권
펴낸곳	소담출판사
	서울시 성북구 성북동 178-2 (우)136-020
	전화 | 745-8566 팩스 | 747-3238
	E-mail | sodam@dreamsodam.co.kr
	등록번호 | 제2-42호(1979년 11월 14일)
기 획	박지근 이장선
편 집	김효진 가정실 구경진 마현숙
미 술	김미란 김정희
본부장	홍순형
영 업	박종천 박성건 이도림
관 리	유지윤 안찬숙 장명자

ⓒ전유성 송영욱 김대일 정효철 김헌기, 2002
ISBN 89-7381-484-2 03810

● 책 가격은 뒤표지에 있습니다.

www.dreamsodam.co.kr

아이디어로 돈벌 궁리 절대로 하지 마라

절대로 돈 안되는 아이디어 모음집

전유성 송영욱 김대일 정효철 김헌기 지음

들어가는 말_

어느 날
한 사람이 나를 찾아왔다.

처음부터 이 사람 말하는 게 흥미로웠다. 자신을 발명가라고 소개한 그는 비행기 활주로를 경사지게 만들면 기름이 적게 들지 않겠냐고 했다. "그래 맞아!" 하고 맞장구를 쳤더니 이번에는 오토바이 헬멧에 광고를 실어 중국 사람들에게 나눠주자는 둥, 세탁기가 세탁하는 시간은 불과 20분 정도인데 물 받는 시간이 오래 걸려서 세탁 시간이 오래 걸리니 미리 물을 받아놨다가 한꺼번에 세탁기 안으로 물이 들어가면 세탁 시간도 짧아지고 전기료도 절약되니까 세탁소 하는 사람들에게 좋은 아이디어가 될 거라는 등 재미있는 아이디어를 그 자리에서 바로 풀기 시작했다. 그리고 뭔가 더 이야기한 것 같은데 생각이 안 난다. 김대일이란 사람과의 첫 만남은 그렇게 시작되었다.

　동국대학교 김무곤 교수가 '개그파크' 라는 사이트를 운영하는데 내 전용관을 만들어 놓았다. 지금은 많이 알려졌지만 그때만 해도 잘 알려지지 않은 사이트라 들어오는 손님이 별로 없었고 내 게시판에 여러 사람들의 글이 올라오긴 하는데 눈에 띄게 신통한 글도 없었다. 그래도 내 게시판이니 가끔 의무적으로 들러서 어떤 글이 올라오는가 읽어 보는데, 하루는 송영욱이란 분이 자신은 아이디어를 심사해서 등록해 주는 회사에 다닌다고 자기소개를 해놓았다. 자기 회사 사이트에 한번 들어와 달라기에 들어가 본 후 쪽지를 남기니 답장이 왔다. 아마추어 아이디어를 2년 동안 약 오천 개 정도 심사해 왔다고 했다. 아이고~! 얼마나 머리가 아팠을까!

　정효철도 개그파크에 매일 아이디어 100개가 될 때까지 올려 보겠다더니 정말 100개의 아이디어를 올려 놓았다. '학교에서 사기꾼 판별법은 왜 안 가르치는가?', '우리 양반걸음인 팔자걸음 걷기대회를 열어 보자.' 며 못 들어 보던 이야기가 매일 개그파크에 올라오는 거다. 이 일은 형식적으로 체크하던 개그파크 게시판에 본격적으로 들어가는 계기가 되었다.

다음이 김헌기 씨다. 김헌기 씨는 부산에서 세탁소를 한다. 나는 개인적으로 개그맨 생활 30여 년을 하면서 세탁소에 관한 코미디 아이디어를 한 번도 해본 적이 없다는 걸 알았다. '세탁소에 관한 아이디어가 왜 안 나오는 걸까?' 하고 생각한 적이 있었다. 코미디를 사랑하시는 분들은 한번 생각해 보시라. 세탁소에 관한 코미디를 한 번이라도 본 적이 있는가? 〈한지붕 세가족〉에서 순돌이 아빠 친구가 세탁소 주인으로 나온 적은 있지만 역할은 비중이 없었다.
또 하나 세탁소 주인은 어떤 과정을 거쳐서 되는가? 한국 사람들이 미국에 처음 이민가서 제일 많이 선택한 직업 중의 하나가 세탁업이라던데……. 내가 알던 아해도 미국으로 이민을 떠나서 제일 먼저 전해온 소식이 세탁소를 하게 되었다는 것이었다. 다른 웬만한 건 학원이 있는데 세탁소는 학원도 없지 않은가! 우리들은 한번 만나자는 제의를 했다. 첫번째 만남은 남한산성의 계곡집에서였다. 대일은 용인에서, 효철은 대천에서, 영욱은 서울에서, 헌기는 부산에서, 나는 집에서 출발하여 첫인사를 나눴다.

"우리 아이디어를 모아서 책 한번 만들어 봅시다. 인세가 생기면 외국인 노동자들을 위해 일하는 김해성 목사님께 드립시다!"

 이런 취지로 이 책이 나오게 되었다. 벌써 다 된 다른 사람들의 원고에 몇 자 적는 걸 게을리한 나를 용서하기 바란다. 정말 바빴다. 술 마시고 수다 떨고 자빠져 자느라고. 소담 사장님 그리고 정리해 준 분들께 미안한 마음을 전한다. 또한 웹진의 기사를 인용하여 쓸 수 있도록 허락해 준 칼럼리스트 이태훈 씨께 감사하다. 그리고 한마디 덧붙인다. 앞으로 살면서 나 같이 게으른 놈하고 다시 일하지 말라고.

전유성

contents_

들어가는 말
죽은 아이디어 산 아이디어

아이디어맨 송영욱
마이크 고장난 조용필을 위하여 14 ▶ 노는 것도 배워야 하는 이 한 많은 세상 18 ▶ 편파적인 세상에 살고 싶어요 21 ▶ 호감 가는 나라 만들기 26 ▶ 당국은 전기요금 차별 부과를 허(許)하라! 29 ▶ 발광자(發狂者)? No,발광자(發光尺)! 33 ▶ 리프트는 스키장에만 있으란 법 있나요? 35 ▶ 핸드폰이 재해 예보를 해줄 수 있다면 39 ▶ 제2의 이수현을 막기 위하여 42 ▶ 피리 부는 사나이 45 ▶ 공공 화장실에서 대변을 볼 적에 48 ▶ 두 바퀴로 가는 발전기 52

역사적인 발명품, 어떻게 만들어졌나 54

전문 발명가 김대일
우리 열받는데 콱 결혼해 버릴까? 64 ▶ 이 상황은 실제 상황입니다 67 ▶ Emergency Room 69 ▶ 육군 병장 김대일 1탄 72 ▶ 육군 병장 김대일 2탄 74 ▶ 간이용 손잡이 76 ▶ 오빠! 달려~ 78 ▶ 촛불 끄기용 케이크 커버 81 ▶ 여행용 컵라면 83 ▶ 속이 꽉 차야 살기 편합니다 85 ▶ 플라스틱 낚싯대 가방 87 ▶ 돌기 파리채 89 ▶ 냉장고 문에 바퀴를 달아 주세요 92 ▶ 야광 비누방울 94 ▶ 거꾸로 감아주세요 97 ▶ 거꾸로 달아주세요 99 ▶ 쌍방향 윈도우 브러시 102 ▶ 삼각뿔 스피커 103 ▶ 인권의 향상을 위하여 104 ▶ 자가 발전 가로등 106 ▶ 목소리 변조용 인터폰 108

세상을 바꾼 아이디어 110

영화 홍보용 자판기 118▶ 구멍 하나만 더 만들어줘 ## 생활 아이디어 정효철
요 122▶ 빙판길 위를 걷는 남자 124▶ 노래 제목이 궁금하단 말예요? 127▶ 이제 조각잠도 내 맘대로 129▶ 날 따라오세요 133▶ 키 좀 높여 주세요 135▶ 심심한데 오목 한판 둡시다 137▶ 너희들 한글 덜 배웠냐? 139▶ 껌 씹는다고 입냄새 없어지겠어요? 142▶ 역사신문!! 역사달력?? 144▶ 오늘의 유쾌지수는 20입니다 147▶ 야광 전선 위의 참새 150▶ 야광 안전벨트 152▶ 효철 떡볶이 155▶ 업그레이드 선풍기 157▶ 열녀(烈女) 문화 축제 159▶ 째려보면 조용해지는 핸드폰 161▶ 궁시렁댑시다 1탄 162▶ 궁시렁댑시다 2탄 164▶ 궁시렁댑시다 3탄 166▶ 광고 아이디어 168▶ 독도는 우리땅 170▶ 쟁반이 필요해요 173▶ 단돈 100원으로 사랑하는 사람 기쁘게 해주기 175
발명이야기, 발명은 끝이 없어라 176

세탁소 김사장의 세상보기184▶ 그때 그 손님 186 ## 세탁소 김사장 김헌기
▶ 짭새와 깍두기 188▶ 발명하려다가 가산 탕진한 분들을 위한 세탁업 Q&A 189▶ 문제있습니다 1탄 194▶ 문제있습니다 2탄 196▶ 독도땅 1평 갖기 운동 197▶ 부부싸움 합시다 199▶ 바람잡이 전유성 200▶ 생활 속의 아이디어 204

못다한 이야기 김대일과 송영욱에게 물어보는 발명, 발견의 비화 212▶ 특허 출원은 어떻게 하는가? 239▶ 초보자들이 말해주는 특허 출원 방법 A to Z 243

죽은 아이디어

아이디어를 머릿속에 가지고 있으면 그건 죽은 아이디어다. 왜냐? 아이디어일 뿐이니까. 세상에 아이디어 없는 놈 어디 있나? 자기 아이디어를 남이 써먹을까봐 공개 안 하는 사람들이 많은데 그건 틀림없는 죽은 아이디어다.

죽은 아이디어를 살리는 길은 남에게 말하는 거다. 남들이 써먹으면 어떻게 하냐고? 불안해 하지 마라. 당신 아이디어를 남들이 써먹지 않는다. 왜냐하면 그들도 당신처럼 자기 아이디어가 최고라고 생각하기 때문에 남들 아이디어를 거들떠 보지 않는다. 당신의 아이디어를 남들에게 말하면 당신이 미처 생각하지 못했던 부분들을 보안할 수 있다.

다시 한번 말하는데 아이디어는 생각만으로 있을 때 죽은 아이디어가 된다. 당신이 생각하고 있는 아이디어가 제품으로 혹은 제도로 완성되어 시행될 때 비로소 당신의 아이디어는 생명을 부여받아 산 아이디어가 되는 것이다.

산 아이디어

참고로 제주도에 가면 제주도 자동차 번호판이 '제주 바 1234' 하는 식으로 다른 지역과 동일하다. 내 아이디어는 제주 자동차 번호판은 다른 지역과는 다르게 하자는 것이다.

제주도의 상징은 돌하루방이다. 번호판에 '제주' 라는 글 대신 '돌하루방' 을 넣자는 것이다. '돌하루방 가 1234' 하면 다른 지역 사람들이 제주도에 왔을 때 얼마나 재미있게 느끼겠는가? 또 제주도 차가 부산이나 광주에 나타나면 단박에 제주에서 온 차라는 걸 알아본다는 사실은 또 얼마나 신나는 일인가.

그렇다면 대구에 있는 차에는 '사과 바에 1234' 해도 되겠네? 하시는 분이 계신가? 사과는 절대로 안 된다. 사과가 재배되는 곳 어디서든지 자기네가 하겠다고 할 수 있기 때문이다. 거창도 사과로 하겠다고 하고 황간도 하겠다고 하면 혼란만 초래한다. 돌하루방은 제주에서만 쓸 수 있기 때문에 제주만 가능한 아이디어다. 많은 사람들이 '아이디어는 좋다, 재미있다, 하면 되겠네.' 하고 생각해도 정작 제주도에서 원하지 않으면 이 아이디어는 죽은 아이디어가 되는 것이다.

song, youngwook 직업_아이디어맨 (돈이 없어 샘플을 잘 만들지 못하는 발명가) / 자신의 아이디어를 가공하고 싶으시거나 아이디어에 투자하고 싶으신 분이 계시면 goodatom@hotmail.com, inventor09@yahoo.co.kr로 연락을 주세요./ 아이디어 인큐베이팅 해주는 인터넷 사이트로 www.ideapia.co.kr을 추천함./ 요즘 하는 일_집에서 아들을 보고 있고, 책 한번 내볼라구 나름대로 글을 적고 있는데 잘 될런지 모르겠음. 하지만 100일 된 아기 자라는 것도 볼 수 있고 책을 펴낼 수 있다는 꿈도 키울 수 있어서 나름대로 즐겁다./ 예전에 전유성 선생님께서 통장 계좌번호를 공개하고 천원만 주시면 잘 쓰겠다고 해서 효과를 봤다던데 저는 제 계좌로 돈을 부쳐 주시면 제 사인이 들어 있는 아들 사진을 보내 드리겠습니다. 신한은행 374-02-136767 예금주 송영욱 / 보내주신 돈은 좋은 아이디어를 생각하는데 도움이 되도록 맛있는 것 사먹도록 하겠습니다.

아이디어맨 _송 영 욱

전유성이 본 송영욱
이 사람에게 일을 맡기면 끝장을 보고 만다. 뭐든지 맡겨보라.
당신보다 당신의 아이디어를 더 많이 생각하는 사람이다.

"마이크 고장난 조용필을 위하여

하루에 지하철을 이용하는 시민들이 얼마나 될까? 상상이 가진 않지만 아마도 엄청난 숫자일 것이다. 그게 한 달이나 일 년 단위로 누적된다면? 그야말로 천문학적인 숫자가 되지 않을까? 그렇게 지하철은 가뜩이나 사람 많다는 서울에서도 단연 첫손에 꼽을 만큼 많은 사람들이 모이는 곳이다. 명동이나 종로라고 한들 지하철에 미치진 못할 테니까.

사람들이 많은 곳엔 재미있는 일도 많은 법이다. 열 개 들이에 천 원 하는 건전지나, 스무 가지가 넘는 기능을 갖춘 플래시를 파는 장사꾼들도 있고, "내 주를 가까이……." 하는 찬송가가 흐르는 라디오를 목에 걸고 동전 바구니를 짤랑거리며 오가는 시각장애인들도 있다. 어디 그뿐인가? 대통령 선거라도 가까워지면 말도 안 되는—그래서 재미있는—공약을 남발하는 얼치기 대선후보들이 난립하는 곳도 바로 이 지하철의 몇 평짜리 공간 안이다. 하지만 이런 모든 풍경 중에서도 내가 제일 좋아하는 것은 연인들의 모습이다. 뭐가 그렇게도 애절한지 내내 서로의 눈을 바라보며 밀어를 속삭이는 모습은 아무리 보아도 지겹지 않은 사랑스런 풍경이다. 어쩌면 이런 다양한 풍경들 때문에 내가 지하철을 사랑하는지도 모르겠다. 하긴 인터넷 상에는 지하철 동호회란 것도 있다니까.

그런데 요즘 지하철엔 이런 몇 가지 익숙한 모습 말고도 새로운 풍경이 하나 생겼다. 지하철 모니터 광고방송 이야기다. 잘나가는 연예인들 인터뷰도 나오고, 때론 괜찮은 애니매이션이 나오기도 하는데 대개는 지하철공사의 홍보나 각종 상업광고들이다. 뭐, 신문도 이미 다 보고 마땅히 읽을 거리도 없는데 아직도 갈 길은 먼, 그런 날이면 지하철 방송을 보는 것도 꽤 심심파적이 된다. 그런데 이 광고 방송, 문제가 한두 가지가 아니다. 워낙 지하철 자체의 소음도 심한데다가 사람들의 말 소리까지 겹쳐 화면은 보이는데 소리가 들리지 않는다.

"아이, 죄송해라. 하지만 방송이든 뭐든 한두 가지 문제는 있는 법 아니겠어요?" 하고 그냥 넘어갈 문제가 아니다. 명색이 방송으로서 이 정도 문제면 굉장한 치명타라 할 수 있다. 비유하긴 좀 그렇지만 시골 카바레에서 애써 조용필 불러놓고 마이크 고장난 격이랄까. 비싼 돈 들여 단말기 설치하고 광고 수주 받아 운영하는 것 같은데, 사정이 이렇고 보면 광고 수주율도 그다지 좋진 않을 것이다.

'지하철 모니터 방송 주파수화' 아이디어는 이런 안타까움에서 나온 생각이다. 아이디어는 간단하다. 자동차 전용극장처럼 지하철 모니터 방송도 특정 주파수를 활용하자는 것이다. 그래서 라디오로 주파수를 맞추면 소리를 들을 수 있도록 말이다. 그렇게 하면 훨씬 재미있는 방송이 될 수 있지 않겠는가. 앞서도 말했지만 하루 이용객 수가 거의 천문학적인 숫자를 넘어서는 지하철 안에서 할 일 없이 남의 신문이나 기웃거리는 사람이나, 이미 신문을 다 읽어버린 사람들, 혹은 활자라면 두드러기가 나는 사람들이 얼마나 많은가를 생각하면 전혀 엉뚱한 아이디어는 아니라는 게 내 생각이다.

아이디어를 좀 더 확장시켜 볼 수도 있겠다. 영어 공부가 절실히 필요한 사람이라면—대한민국에서 영어 공부가 절실하지 않은 사람 있으면 나와 보라—지하철에서 하릴없이 보내는 시간에 영어 회화 방송이라도 나온다면 얼마나 좋겠는가? 나같은 경우 상계동에서 충무로까지 대략 30분 동안 지하철을 이용하는데 왕복을 따진다면 하루 한 시간을 지하철에서 허비하는 셈이다. 만약 지하철 방송에서 영어 회화 프로그램을 방송한다면 그 한 시간을 얼마나 보람있게 보낼 수 있겠는가.

주파수를 3개쯤 확보해서 일단 일곱 시에 방송을 시작하고 다른 주파수에선 7시 10분에 시작하고 나머지는 7시 20분에 하는 식으로 출근시간대에 방송을 하게 되면 교재까지 사서 열성적으로 공부할 사람도 굉장히 많을 것이다. 뭐, 생각 이상으로 호응이 폭발적이라면 주파수를 더 늘릴 수도 있을 것이다. 그 자체를 상업화할 수도 있을 테고. 광고는 자동적으로 따라붙겠지?

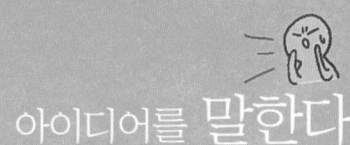
아이디어를 말한다

전유성_ 아이디어가 좋긴 한데, 그거 들으려면 다 라디오 하나씩 들고 다녀야 되는 거 아닌가?

송영욱_ 단파라디오가 그렇게 비싼 것도 아니구요, 요즘 핸드폰엔 라디오 기능이 첨가된 것도 많으니까요. 뭐, 이도저도 그렇다면 투자하는 셈치고 지하철공사에서 라디오를 나눠줄 수도 있겠죠. 가령, 이어폰 라디오식으로 만들어서 방송 듣다가 전화 오면 바로 알 수 있는 식으로 말이죠.

전유성_ 그러면 라디오 무제한으로 나가야 될걸? 너 같으면 바로 줄서서 안 받겠냐?

송영욱_ 그런가? 하지만 내실있는 방송만 된다면야 1~2만 원짜리 단파라디오 사는 것쯤 아까울 것 같진 않은데요?

정효철_ 다 좋은데, 출근 시간대면 사람들이 무지하게 많을 텐데 방송 제대로 볼 수 있을까? 그 모니터, 문쪽에 한 대만 있잖아요?

송영욱_ ……그런가?

전유성_ 뭐, 선반 위 같은 데 더 만들어 놓으면 될 거 아니야?

김대일_ 모니터 한 대당 가격이 만만치 않을 텐데 수지가 맞겠어요?

송영욱_ ……그럴까?

전유성_ 하여튼 지하철공사에서 이거 보고 쓸 만하다 싶으면 알아서 수지타산 맞추겠지. 다른 누군가 아이디어를 더 개선할 수도 있겠고. 지퍼 만든 사람보다 가방에 지퍼 단 사람이 돈 더 많이 번 것처럼 말이지.

송영욱_ 만약 그렇게 되면, 지하철공사에서 우선 저한테 라디오 한 대는 주겠죠?

"노는 것도
배워야 하는
이 한 많은 세상

　　얼마 후면 내 아이가 세상에 나온다. 기쁘기도 하고 나 스스로 대견하기도 하지만 한편으론 걱정스런 마음도 든다. 요즘 아이들이 어디 아이다운 생활을 하는가 말이다. 아침에 유치원 갔다 오면 피아노 학원 가고, 간식 먹고 또 태권도 도장 가고……. 요즘 아이들은 어른 이상으로 바쁘게 산다. 또 우리말도 제대로 떼지 못했는데 영어를 가르치네, 한문을 가르치네 하는 모습을 보면 과연 이런 식의 교육 열풍이 옳은 것인가, 하는 회의가 든다.
　　어찌 아이들뿐이겠는가. 이미 자기 전공 챙겨서 그걸로 밥 벌어 먹고 사는 어른들도 컴퓨터를 배운다, 외국어를 더 공부한다 하며 밤잠 못 이루고 고생들 하고 있지 않은가.

　　더 기가 막힌 것은 어떻게 된 놈의 세상이 노는 법까지 배워야 되는 게 요즘의 세태라는 것이다. 나이트에서 맘 편하게 춤이라도 출라치면 '몸치'라고 놀려대고 노래방에서도 '음치'라고 놀려대니 이런 놀림을 면하려면 교습학원에서 몇 개월 간이라도 춤이니 노래니 하는 것들을 배워야 할 판이다. 실제로 이런 교습학원들이 성황이라고 하니 무턱대고 몇몇 극성스러운 소수의 경우로 치부해 버릴 일은 아닌 모양이다. 내가 뭐 우리 사회의 병리 현상이나 집단심리를 연구하는 전문가는 아니지만 찬찬히 살펴보건대 우리나라 사람들은 과시욕이 대단한 것 같다. '나는 일처리도 매끄럽지만 노는 자리에서도 결코 빠지지 않는 사람이네.' 하는 것을 다른 사람들에게 보이고 싶어한다. 상관들도 마찬가지다. 놀지 못하는 사람은 일도 잘 못하리란 해괴망측한 논리를 내세우며 '놀기도 잘할 것.'을 강요한다. 그러니 배 나온 부장님이 DDR을 배우겠다고 설쳐대고 범생이 대학생이 애인에게 잘 보이려고 거울 앞에서 요동을 치며 팔 다리 운동을 할 수밖에.

사정이 이렇고 보면 노는 것이 재충전을 위한 휴식은 커녕 중압감밖에 주지 않는 그야말로 '노동'이 아니겠는가. 우리 어릴 적을 생각해 보자. 도구도 필요 없이 구슬 몇 개랑 돌 몇 개만 있으면 되었다. 혹은 땅바닥에 오징어 하나 그려놓고 맨몸으로 놀지 않았던가. 그래도 숨이 턱까지 차도록 재미있지 않았던가!

그래서 난 몇 년 전부터 배워 익히지 않고도 재미있게 놀 수 있는 공원이 있으면 좋겠다는 생각을 해왔다.

별 다른 장치도 없는 넓은 공터에 오징어 그림도 있고, 각 놀이터에는 표지판을 써놓아서 그것만 읽으면 바로 놀이 방법을 알 수 있는 그런 공원이 있다면 얼마나 재미있을까? 거기에서 다방구도 하고 땅따먹기도 하고 한쪽 구석에서는 비석 치기도 할 수 있을 것이다.

보드나 MTB 자전거처럼 몇몇 사람만 개인기를 자랑하고 나머지는 그걸 구경만 하는 놀이 공원이 아니라 누구나 참여할 수 있는 놀이가 가능한 멋진 공간이 되리라 확신한다. 그런 돈 안 드는 공원이 마을마다 있다면 아이들에게 공동체 의식도 자연스럽게 심어줄 수 있지 않을까?

요즘 아이들, 컴퓨터 게임만 해서 개인주의 성향이 강하다고 개탄만 하지 말고 아이들에게 놀 수 있는 공간을 만들어 주자.

---

jeon, yoosung *talk talk talk*

노는 걸 걱정만 했지 누구 하나 놀아보라고 권한 사람이 있어야 말이지. 베짱이처럼 놀지 말고 개미처럼 일만 하라고 배워왔으니 놀 줄을 모를 수밖에!!! 베짱이처럼 음악 연주하고 놀면 그 나름대로 음악가도 되고 백댄서도 될 수 있는가 하면, 개미처럼 일하면 일한 대로 거두는 사람도 있다는 걸 가르쳐야지. 둘 중에 한쪽은 정상이고 다른 한쪽은 아예 바보를 만들어놓으니 획일화되지 않을 수 있겠어? 어른들은 자기는 엉성하게 살면서 왜 아이들에겐 완벽에 가깝게 살기를 바랄까? 누구 한 사람 나서서 엉성하게 사는 것도 살아가는 방법 중에 하나라는 걸 가르치는 세상이어야 할 텐데!!!

"편파적인 세상에 살고 싶어요

70~80년대만 해도 국가 대항 스포츠 중계방송에서는 빠지지 않는 멘트가 있었다.

"고국에 계신 동포 여러분, 기뻐해 주십시오!"

지금 들어보면 참 촌스럽고 우스꽝스럽기 그지없지만 그땐 우리가 이기는 국제 경기에선 '항상'이라 해도 좋을 만큼 저 멘트가 나왔었다(송재익 씨도 아마 여러 번 해보셨을걸?).

팔십 몇 년도던가, 박종환 씨가 감독하던 청소년 축구팀이 4강에 진출했던 건 다들 기억하실 거다. 그땐 정말이지 16강 이후에는 매 경기마다 심장마비로 죽는 사람이 몇씩 생겨날 정도였고 우리 선수가 한 골이라도 넣을라 치면 동네 여기저기서 동시에 함성소리가 튀어나왔으니까. 그런 국민들의 흥분을 가일층 들뜨게 했던 데에는 중계방송의 공로가 컸다. 사실 사람의 마음이란 게 그렇다. 아무리 나한테 좋고 흥분되는 일이 있어도 주위 사람이 심드렁하면 괜히 스스로도 심드렁하게 느껴지고, 그다지 기뻐할 만한 일이 아닌데도 주위 사람들이 막 축하해주면 굉장히 기쁘게 느껴지는 걸 경험해 보셨을 거다. 이럴진대 왠지 중립적일 것 같고, 공식적이기만 할 것 같은 아나운서들이 뒤로 넘어갈 것 같이 흥분하고 소리를 질러대면 그렇잖아도 흥분되는 마음이 더욱 흥분되는 건 이상한 일이 아니다.

그런데 이런 중계방송이 국내 경기로 돌아오면 김이 빠져버린다. 가령 프로야구를 예로 들어볼까. 자타가 공인하는 최고의 야구 해설가 하일성은 삼성 라이온스의 이승엽이 홈런을 쳐도 "홈~런~" 하고 외쳐대고 롯데 자이언츠의 호세가 홈런을 쳐도 "홈~런~" 하고 외쳐댄다. 네거티브한 상황에서도 마찬가지다. 이종범이 헛스윙을 해도 "저런 공에 스윙이 나오네요." 하며 안타까워하고 정수근이 도루를 하다가 실패해도 "정수근 선수, 요즘 슬럼프예요. 연속 세 번째 도루 실패네요." 하고 아쉬워한다. 박찬호가 던진 공을 이찌로가 헛스윙했대도 그렇게 안타까워하겠는가. 소수점 이하 기록까지 달달 외는 골수팬이 아니라면 이거, 재미 하나도 없다. 흥분하고 즐기자는 게 스포츠일 텐데, 너무 점잖고 가식적인 거 아닌가. 우리나라에서 제일 잘 팔린다는 모 신문사도 화끈하게 누구 밀어주는 게 요즘 세상인데, 프로 스포츠 방송계도 한번 생각을 바꿔보는 게 어떨까? 노골적일 정도의 편파적인 중계방송을 모색해 보자는 이야기다.

방법은 그리 어렵지 않다. 기왕 언급한 것이니 프로야구를 표본으로 삼아 얘기하자면, 각 구단이 속해 있는 지역 방송국마다 지정 캐스터를 두면 된다. 가령 두산 베어스와 한화 이글스의 경기를 중계한다면 MBC 서울지부 캐스터의 중계와 대전지부 캐스터의 중계방송을 음성다중으로 하는 거다.

그래서 각 구단의 팬들이 중계를 취사선택할 수 있게 말이다. 요즘 웬만한 TV는 음성다중이 되니까, 기술적으로 그다지 문제는 없으리라고 생각한다.

방송국에서 재정 문제로 난색을 표한다면 프로야구 각 구단이 고정 캐스터를 따로 두는 것도 좋은 방법일 수 있겠다. 좀더 생각을 발전시켜 본다면 각 경기마다 메인 캐스터와 해설자를 두고 양옆에 각 구단별 캐스터를 배치하여 중계방송을 하는 것도 괜찮지 않을까? 한번 상상해 보라. 우즈가 홈런을 친 순간, 흥분해서 방방 뜨는 두산 캐스터와 안타까워하는 상대팀 캐스터, 그리고 상황을 중립적으로 정리해 주는 메인 해설가. 약간 정신 사나울 듯해도 스포츠의 재미는 배가될 것이다. 재미가 배가된다면 수익도 배가되는 것은 아이들도 할 수 있는 기본적인 산수일 터. 더군다나 스포츠 경기

를 보며 속을 시원하게 풀고 나면, 좁쌀영감처럼 속 좁은 지역 감정 따윈 눈 녹듯 사라지지 않겠나? 옛날 어르신들은 이런 상황을 일러 이렇게 표현하셨더랬다.

"누이 좋고, 매부 좋고."

아이디어를 말한다

김헌기_ 팀마다 전용 아나운서가 있다면 지역 감정을 부추기게 되지 않을까요?

송영욱_ 전 사실 스포츠는 별로 안 좋아하는데 A매치 경기는 굉장히 재밌게 보게 되거든요. 뭐 여러 가지 이유가 있겠지만 아무래도 캐스터나 해설자가 나와 같은 편이고, 내가 흥분할 때 그 사람들도 흥분한다는 게 경기의 재미를 배가시키는 것 같더군요.

김헌기_ 언젠가 보니까 SBS에서는 두산과 엘지 경기만 하고 부산 PSB에서는 롯데 경기만 하던데요? 아무래도 그럼 연고지팀 쪽으로 해설하게 될 가능성이 있지 않나요?

송영욱_ 표가 날 정도로는 안하죠.

김헌기_ 안 그럴 걸요. 하일성만 해도 부산에서는 롯데, 광주에서는 해태 위주로 하는 것 같던데.

송영욱_ 그렇진 않아요. 그리고 그렇게 따진다고 해도, 만약 PSB에서 중계할 때 상대팀 팬들은? 상대팀 팬들은 짜증날 거 아니에요. 그러니까 경기당 캐스터가 두 명은 필요하다 이거죠.

정효철_ 비용이 많이 들지 않을까요?

송영욱_ 그렇게 많이 들 것 같지는 않은데? 방송을 두 개 하는 게 아니니까. 그저 해설만 따로 할 뿐이지. 만약 그래서 팬들이 더 늘어날 수 있다면 투자 비용은 간단히 건질 수 있지 않을까요?

호감 가는
나라 만들기

학교 다닐 때는 TV 꽤나 좋아했던 나지만 '먹고 살기 힘들다.' 라는 말을 체감하는 나이가 된 이후로는 TV와 좀 멀어진 것 같다. 그러고 보니 요즘 인기 있는 연속극이 뭔지, 외화 시리즈는 어떤 프로그램이 있는지도 잘 모르겠다. 뭐 이제는 먼 옛날이 되어버렸지만 내가 한창 TV를 끼고 살던 80년대에는 〈전격 Z작전〉, 〈A특공대〉, 〈맥가이버〉등이 인기 있던 외화시리즈였다. '아하, 그런 프로그램들이 있었지!' 하고 공감하는 분들이라면 역시 나와 마찬가지로 '먹고 살기 힘든' 나이가 되었다는 얘기겠지!

그중에서 난 특히나 〈맥가이버〉를 즐겨 봤다. 아무리 어려운 상황이라 할지라도 주위의 사소한 물건들을 과학적으로 활용해서 위기를 극복하는 맥가이버를 보고 있노라면 괜스레 공부 열심히 해야겠다는 엉뚱한 결심이 서곤 했던 것 같다. 하긴, 화학 시험 보기 바로 전날 본 〈맥가이버〉 덕분에 모르는 문제 하나를 덤으로 풀었다는 얘기도 당시에는 심심찮게 들려왔을 정도니까.

그렇게 인기를 누리던 덕분에 우리나라 모 회사에서 맥가이버 역의 연기자에게 CF 촬영을 제의했던 일이 있었나 보다. 하지만 대답은 No. 거절 이유는 돈도, 연기자로서의 이미지도 아니었다. 놀랍게도 맥가이버의 거절 사유는 '한국은 너무나 위험한 나라이기 때문.' 이었단다. 당시 그 신문 기사를 보고 정말 놀랐다. 아니, 이렇게 평화로운 우리나라가 위험하다니! 그 녀석 미친 것 아니야?

하지만 지금은 맥가이버의 심정을 조금은 이해할 것 같다. 어차피 잘 알지 못하는 나라를 그 나라의 대외적 이미지로만 상상할 수밖에 없기 때문이다. 그때 우리나라의 대외 이미지가 어땠겠는가. 데모와 그에 대한 과격한 진압이 일상이었고, 툭하면 전쟁위기설이 나도는, 그야말로 이방인에게는 '위험한' 나라가 아니었던가 말이다.

그때는 그렇다고 치더라도 지금 우리의 대외 이미지는 어떨까? 잘은 모르겠지만 그 시절보다 엄청나게 개선되지는 않은 것 같다. 잊을만 하면 대형 사고 터지고, 여전히 동족끼리 총 겨누고 있는 분단국의 이미지일 뿐이지 않을까. 그런저런 생각을 하다 보면 걱정스런 맘이 든다.

관광 산업이 중요시되는 요즈음 우리 문화의 독특함을 살릴 수 있는 축제를 만들 필요성이 있다. 우리만의 축제를 좀더 적극적이고 재미있게 개발한다면 자연스럽게 한국에 대한 긍정적인 이미지가 만들어지지 않을까? '사과 아가씨', '육쪽 마늘 아가씨' 같은 지방 특산물 광고를 위한 미인 축제, 향토 문화제 같은 천편일률적인 축제말고 정말 기발한 축제를 만들어 보자는 거다. 가령 이런 건 어떨까? '군산 팔자 걸음인 대축전' 이나 '외쌍꺼풀 종로구민 제전' 혹은 '나라와 국방을 걱정하는 평발인 축제' 같은 것들 말이다.

우스꽝스럽게 8자로 거리를 행진하는 사람들의 모습이나, 특이하게 외쌍거풀을 가진 사람들이 모여 한바탕 걸지게 노는 모습들은 살벌한 한국의 이미지를 여유 있고 유머러스한 것으로 바꾸어놓기에 충분할 것이다. 또 병역 의무를 면제받는 평발인들이 '나라와 국방을 걱정하는 축제'를 갖는다면 냉전 당사국인 한국만의 독특한 비극을 해학적이지만 효과적으로 세계에 알릴 수 있는 좋은 소재가 되지 않을까?

난 〈지구탐험, 세계로 가다〉 같은 프로그램을 보면 엉뚱한 축제를 벌이고 또 모두들 신나게 즐기는 나라에 왠지 호감이 가곤 한다. 여러분들은 어떻게 생각하실지. 내 생각엔 그런 다양하고 개성 있는 축제들이 많이 생겨난다면 '무서워서 한국엔 못 가겠다.'는 이야기는 자연스레 없어질 것 같다.

jeon, yoosung talk talk talk
맞는 말이다. 군산 팔자걸음 거리축제를 열어보면 어떨까? 마찬가지로 공주는 교육의 도시다. 크고 작은 많은 학교가 옛부터 이곳에 있다. 발음이 같으니까 한번 해보는 축제로 매년 대학 새내기 여학생 전부가 참여하는 공주 페스티벌은 어떨까? 그렇다면 남자 새내기들은 당연히 왕자 페스티벌이 되는 거지.

》당국은 전기요금 차별 부과를 허(許)하라!

　21세기는 디자인의 시대라고들 한다. 100% 맞는 얘기다. 같은 품질이라면 기왕이면 좀더 아름답게 만들어지고 예쁘게 포장된 상품을 고르고 싶은 것이 소비자의 기본 심리일 테니까.

　하지만 요즘은 과학기술이 워낙 고도로 발전된 시대인지라 비전문가인 소비자로선 품질의 우열을 가늠하기가 보통 어려운 일이 아니다. 그래서 대부분의 소비자들은 제품을 고를 때 품질보다는 디자인을 판별 기준으로 삼게 된다.

　사정이 이렇고 보면 디자인이란 것은 하나의 상품을 더욱 값어치 있게 만들어주는 변수가 아니라 그 상품의 성패를 가늠해 주는 지위로까지 오르게 된다. '기왕이면'이 아니라 '최우선적으로' 디자인이 고려되어야 하는 시대가 된 것이다. 속담도 바꾸어야 할 판이다. '일단 다홍치마' 이런 식으로.

　좀 고루한 사람이라면 뭐니뭐니 해도 '내면의 본질' 운운하면서 이런 시대풍조를 개탄할지도 모르겠지만 나로선 이런 디자인의 시대가 그리 나쁘지 않다. 일단 눈이 즐거우니까 말이다. 우울한 기분을 떨치려 거리에 나섰는데 온통 '내면만 알 찬' 여자들 투성이라면 왠지 쓸쓸하지 않겠는가(여성

분들, 돌 던지시라. 기꺼이 맞겠다!).

그러다 보니 제품 개발비에서 디자인이 차지하는 부분은 엄청날 정도이고 당연히 그런 비용은 상품의 가격에도 반영된다. 하지만 유독 이런 디자인 비용이 적용되지 않는 무지막지한 상품이 있다. 뭐냐고? 칠천만 겨레가 너나 할 것 없이 매일 사서 쓰는 '전기'라는 놈이 바로 그것이다. 전기에 무슨 디자인이 있냐, 라고 묻는다면 당연한 의문이겠다.

하지만 전기에도 디자인의 차이는 분명히 존재한다. 억하심정으로 지역을 가르자는 의도는 아니지만 강남의 전기와 강북의 전기는 그 포장에서 천양지차다. 가령 강북―다들 아시겠지만 이거 상징적인 용어다―에 사는 분들은 당장 창문을 열고 골목을 보라. 뭐가 보이는가. 아마도 하늘을 찌를 듯 우뚝 서 있는 전봇대와 어지럽게 하늘을 가르는 전깃줄이 제일 먼저 보일 것이다. 이번엔 강남에 사시는 분들 차례다. 뭐가 보이는가. 옆집 대문에 붙은 '세콤' 상표밖엔 안 보일걸? 어, 그러고 보니 우리 동네엔 전봇대가 없네? 딩연히 안 보일 수밖에. 그쪽 전봇대 전깃줄은 땅 밑에 깔려 있으니까.

내 집 마련합네, 좀 그윽한 곳에 살고 싶네, 하며 주거환경에 대해 한번이라도 진지하게 생각해 본 사람이라면 전봇대의 유무가 얼마나 시각환경에 중요한 역할을 하는지 알고 있을 것이다. 비록 누추한 골목이나마 봄이면 꽃구경, 가을이면 단풍구경 한번 해보겠다고 창문을 열어젖혔을 때 떡하니 버티고 선 전봇대는 여간 눈에 거슬리는 진상이 아니다. 푸른 하늘을 요놈의 전깃줄이 다 찢어놓고 있다.

이런 문제는 단지 미관상의 문제로만 끝나는 것이 아니다. 이제껏 얘기했

듯이 이 전봇대 문제는 집의 디자인 값으로까지 연결된다. 얽히고 설킨 전깃줄과 흉물스런 전봇대가 없는 동네의 집 값이 비싼 것은 당연한 일 아니겠는가.

그렇잖아도 할일 많고 고민거리 많은 정부에 투정을 부리자는 게 아니다. 하지만 명색이 '디자인의 시대'에 영 마뜩찮은 상품을 공급하면서, 최고를 누리는 사람들에게도 똑같은 돈을 받겠다면 그건 명백히 도둑놈 심보가 아닐까? 난 시위 같은 것, 한번도 해보지 않았지만 오늘은 한번 해봐야겠다.

"당국은 전기요금 차별부과를 허(許)하라!"

호혜평등의 원칙하에 '전기' 상품에도 디자인 비용을 적용하라는 얘기다. 이게 무슨 발명이고 아이디어냐구? 뭔가 얻어질 수 있다면 그게 발명이지 뭐, 발명이 별 건가?

jeon, yoosung talk talk talk

옛날 대선배님이신 장소팔, 고춘자의 만담 한토막이 생각난다.
장소팔 - 우리 집은 전기요금 걱정이 없어요.
고춘자 - 아니, 왜요? 우리 뒷집 영국이네는 전기요금을 못 내서 낮에도 깜깜, 밤에도 깜깜 지낸다는데요?
장소팔 - 아이고, 머리가 깜깜하시구만. 이럴 땐 머리를 써요, 머리를! 머리를 뒀다가 머에 쓰실려고 달고 다니시나?
고춘자 - 아니, 그러는 소팔 씨는 머리를 어떻게 쓰셨길래 전기요금 걱정이 없어요?
장소팔 - 우리 집에서는 전기가 들어오는 시간이 되면 노끈을 가지고 전기가 들어올 때를 기다립니다.
고춘자 - 아니, 전기하고 노끈하고 무슨 관계가 있길래 그러세요?
장소팔 - 노끈을 가지고 전기가 들어올 때까지 기다렸다가 전기가 들어오면 전기줄을 노끈으로 꽉 묶어버립니다. 한 번 들어온 전기가 다시 나가지 못하게 말씀이에요.
고춘자 - 어머! 엉터리셔! 하하하!
장소팔 - 하하하! 다음은 충청도 타령이요.

아이디어를 말한다

송영욱_ 옛날에 우리 집을 지을 때 얘긴데, 전봇대가 옆에 있으니까 집 짓는 것도 위험하고 꽤 불안하더라구요. 근데 알고 보니까 강남에 어떤 곳은 전봇대가 없대요. 전선이 다 땅 밑에 깔려 있는 거죠. 그 얘길 들으니까 콱 열이 받더라구요. 전기요금 낼 것 다 같이 내는데 왜 이렇게 차이가 나나……해서.

정효철_ 어? 우리 동네는 어떻지? 집에 가서 다시 봐야겠다.

송영욱_ 아마 전봇대일 거예요. 그거, 참 열받지 않아요? 가령 형광등도 예쁘게 포장하고 멋지게 디자인하면 가격이 올라가는 법인데 왜 전기요금은 똑같이 내냐구요?

정효철_ 그런데 더 기막힌 건 가정용하고 업소용으로 전기요금이 차이가 나는데 가정용은 누진제거든요. 업소용보다 비싼 거죠.

김헌기_ 그래요?

정효철_ 그런데 문제는 학교도 누진제라는 거예요. 단란주점 같은 업소는 에어컨 빵빵하게 키면서 실컷 놀아라 하고, 공부하는 애들은 땀 뻘뻘 흘려가면서 공부하라 이건지, 참.

김헌기_ 그건 말이 안 되네요.

송영욱_ 하여간, 결론적으로 전기요금 체계에는 문제가 많다는 거예요. 우리 동네도 전선을 지하에 깔아주든지, 전기요금을 싸게 해달라 이거예요.

발광자(發狂者)?
No. 발광자(發光尺)!

 가을쯤 되면 으레 나오는 탄식이 있다. 우리나라 사람들은 책을 너무 안 읽는다는 얘기 말이다. 내 경우를 보면 맞는 말 같기도 하고, 지하철에서 책 읽는 사람들을 보면 괜한 탄식 같기도 하다. 미국 사람들은 자기 나라 대통령 이름도 모르는 사람이 태반이라는데, 그런 꼴 나지 않으려면 확실히 책을 많이 읽는 국민이 되어야 할 것이다. 그런데 내가 이런 말을 하니까 왠지 설득력이 없는 것처럼 느껴진다.

 이 '빛이 나는 자' 라는 아이디어는 '국민 독서 습관 함양'을 위해 특별히 (?) 만들어진 아이디어다(부디 나의 충정을 알아주시기를). 흔히 집에서 책을 읽을 때는 형광등에 스탠드까지 동원한다. 다 아시겠지만 이거, 시력보호를 위한 것이다. 하지만 지하철이라든가 버스, 혹은 야외에서 책을 읽을 때는 어쩔 수 없이 부실한 조명에 의지할 수밖에 없다. 그래서인지 지하철에서 책을 읽는 분들, 미간을 찌푸리는 경우가 대부분이다(오늘 지하철 타시면 한번 잘 관찰해 보시라). 이럴 경우 '빛이 나는 자' 는 그 이름처럼 빛을 발할 것이다. 또 습관에 따라서는 책을 읽을 때 읽고 있는 행을 일일이 짚어 가면서 읽는 분들이 많은데 그런 경우에도 일석이조로 사용될 수 있으리라고 본다. 더군다나 요즘 학생들의 '팬시 취향'에도 부합하지 않을까? 충분히 상품성은 있다고 생각한다.

하지만 앞서 언급했듯이 이 제품, 오직 '국민 독서 습관 함양'을 위한 충정에서 나온 작품이라는 걸 다시 한번 강조하고 싶다.

P.S. 이 아이디어가 상품화된다면 '지하철 판매용'이 될 가능성이 많지 않을까? 왠지 그런 느낌이 든다.

리프트는 스키장에만 있으란 법 있나요?

뭐, 언제가 될지는 모르겠지만 일 되어가는 폼으로 봐서 한 3~4년 있으면 주5일 근무제가 우리나라에도 본격적으로 시행될 것 같다. 기업 하는 사람들은 향락풍조가 나라를 휩쓸 것이네, 기업 활동이 극도로 위축될 것이네 하며 말들이 많은가 본데, 그분들 속내야 자기 주머니에서 나가야 될 돈 아까워서 그러는 것일 테고, 난 개인적으로 적극 찬성이다.

말이야 바른 말이지 직장 생활을 시작한 이후 '내가 제대로 살고 있는 건가?' 하는 의문이 생길 때가 한두 번이 아니다. 일주일 내내 뼈빠지게 일하고 나면 토요일이라고 찾아오는데 아무래도 친구들, 혹은 직장동료들과 술 마시기 십상이다. 그러면 일요일은 마누라 잔소리 들으면서 하루종일 자거나 멍하니 앉아서 TV를 시청한다. 그러고 나면 다시 고단한 월요일의 시작이다. 솔직히 가족들과 제대로 여가를 즐기고 내 취미생활을 영위할 틈조차 없다. 나뿐 아니라 대한민국 대다수 직장인들의 라이프 스타일이 이와 크게 다르지 않을 것이다. 이거, 절대로 잘사는 거 아니다. 그렇게 살다 죽고 나면 누군가 무덤 앞을 지나다가 '여, 꽤나 성실하게 살았는걸.' 하고 한마디 해

줄진 모르겠지만, 그 말 한마디 듣자고 인생을 사는 것은 아닐 테니까 말이다. 그렇다고 그저 놀면서 살겠다는 얘기는 절대 아니다. 성실하게 살되, 어느 정도는 좀 즐기고 쉬면서 살자는 거다.

하여간 언제고 주5일 근무제가 시행 되면 분명 사람들은 취미생활이나 여행에 대해 진지하게 생각하게 될 것이다. 그런데 막상 놀려고 보면 썩 재미있게 놀 데가 마땅치 않은 것 또한 우리 현실인 듯싶다. 기껏해야 갈 만한 곳은 놀이 동산이나 산, 해수욕장 등 판에 박은 곳들뿐일 테고 그런 곳이야 다 거기가 거기인 비슷비슷한 풍경들이니 말이다. 하지만 이런 여행지에도 특별한 아이디어를 가미하면 훨씬 더 가보고 싶은 곳이 될 수 있지 않을까. 가령 나 같은 경우, 어린 시절 해양소년단 출신인지라 바다나 섬 같은 곳을 선호하는데, 유난스런 배멀미 때문에 여행을 제대로 즐기지 못하는 경우가 많다. 그래서 항상 바다에 놀러 갈 때마다 이런 생각을 했었다.

'아, 조오기 보이는 저 섬까지만이라도 리프트가 있으면 얼마나 좋을까? 공사하려면 위험천만일 높은 산에도 케이블카가 있고 스키장에도 리프트가 있는데 왜 바다에는 리프트가 없을까? 만들기 그다지 어려울 것 같지도 않은데 말이다.

한번 생각해 보라. 저녁, 해는 서산으로 떨어져 바다는 장엄한 낙조로 물들었는데 물살을 가르는 리프트를 타고 저쪽 섬 마을로 향하는 모습을. 배멀미 따위는 나지도 않을 테고 운치도 제법 있을 것 같지 않나. 이런 특색있는 관광상품이 있다면 외국인들도 우리나라를 다시 찾게 될 것이다. 무엇보다 우리는 3면이 바다 아닌가. 남해에는 섬들이 다닥다닥 붙어 있기도 한데, 이런 수상 리프트를 만들지 못할 법도 없지 않은가. 혹시 이 글을 읽는 리조트 업계 관계자가 계시다면 한번 진지하게 생각해 주셨으면 좋겠다. 아이디어 값 달라고 떼쓰지 않겠다. 정말로.

'에이, 막상 우리가 만들면 떼쓸 거 아냐?' 하는 걱정 따윈 붙들어매시라. 난 안 한다면 결단코 안 하는 놈이다.

jeon, yoosung *talk talk talk*

우리나라 제일 남단 마라도에 마라도 박물관을 한 채 지으면 어떨까? 마라도의 봄 여름 가을 겨울을 필름에 담아서 틀어주는 박물관. 그곳에 살던 옛날 사람들의 생활도구, 고기잡이 도구들도 모아놓으면 어떨까? 마라도의 사계절을 다 가볼 수는 없을 테니까 말이다. 필름을 보고 '아이고! 봄에 오니까 여름에도 오고 싶네' 하는 마음이 들지도 모른다. 입장료는 1000원쯤 받자. 대신 마라도에 오는 사람들 전부 박물관을 방문하도록 의무화하자. 몇번씩 온 사람들은 어떻게 하냐고? 그건 나도 몰라! 박물관 운영하다보면 그때가서 방법이 생기겠지!

아이디어를 말한다

김헌기_ 충분히 실용 가능성 있는 아이디어 같은데요? 배타는 게 좋긴 한데 멀미 심하게 하는 사람들 있잖아요. 리프트로 가면 배멀미는 안 날 거 아니에요.

정효철_ 그러니까 공중으로 떠다니자, 이런 얘긴가?

송영욱_ 공중으로 다니는 리프트가 아니라 바다 위로 가는 새로운 리프트를 만들자 이거죠. 가령 곤돌라 같은. 그러니까 예를 들어 어떤 섬으로 간다 할 때 레일을 깔아놓고 그 위에 놓인 의자를 타고 간다는 거죠. 물에 발 담가서 첨벙첨벙 놀면서…….

김헌기_ 독특한데요. 화제도 되겠어요.

송영욱_ 그렇죠. 만약에 그런 게 만들어진다면 전세계에서 유일한 것이 되니까, 많이 화제가 될 거예요. 제주도나 한려수도 같은 곳에 만들어 놓으면 분명히 히트 칠 거라고 생각합니다.

김대일_ 가장 큰 문제점은 바닷물에 견딜 수 있는 내구성을 갖출 수 있느냐, 그거 아닌가요? 짠물에 계속 담겨 있으면 부식될 수 있을 텐데.

송영욱_ 그건 전공 분야가 아니라 잘 모르겠네요.

정효철_ 하여튼 나쁜 아이디어는 아닌 것 같네요.

송영욱_ 세계적인 관광국이 되기 위해선 특화된 무언가가 있어야 될 것 같아요. 이 아이디어도 그런 데 일조했으면 좋겠다는 생각입니다.

˝핸드폰이 재해 예보를 해줄 수 있다면...

놀라운 얘기를 한 가지 하자면 난 미래를 예견할 수 있다. 그렇다고 내가 예언가나 점쟁이냐 하면 그런 것은 아니다. 뭐, 흔한 신내림 내지 무병을 앓은 적도 없다. 하지만 분명히 나는 미래를 예견할 수 있다. 아무리 내가 미래를 예견할 수 있다고 목 터지게 주장해 본들 믿을 사람은 없을 테니 증거 삼아 몇 가지 예언을 해보겠다.

우선 첫째, 내년 여름에도 분명히 장마가 올 것이다(허걱~ 하고 놀랄 분들이 있으리라 믿는다).
둘째, 장마가 오고 나면 계곡에 놀러간 등산객들이라든가 저지대 주민들의 인명피해 사고가 생길 것이다(이쯤 되면 입에 거품 무는 분들이 있으리라).
셋째, 그러고 나면 언론에서는 1면 헤드라인으로 '예고된 인재(人災)' 운운하는 기사를 게재하게 될 것이다.

객쩍은 농담이었지만 이런 일들이 생길 때마다 안타까운 마음이 드는 사람이 나만은 아닐 것이다. 왜 이런 슬픈 일들이 되풀이되어야 하는 것일까.
물론 나도 안다. 자연 재해라는 것은 사람의 힘으로도 어쩔 수 없는 것이고 그렇다고 저지대에 사는 어려운 서민들을 무조건 다른 곳으로 이사시킬 수도 없다는 것을. 하지만 최소한 '명백한 인재' 운운하는 일 정도는 막아야 하지 않을까?

그렇다고 무조건 만만한 정부 탓만 하는 것도 우스운 일이다. 정치가 운운하면서 국회의원들 욕하는 것도 진부하고 지겹다. 사실 이런 일들은 정부뿐만 아니라 시민에 대해 일정 부분 공적 책임을 가져야 하는 민간기업에서도 나서야 하는 일인 것이다.

나는 한 가지 제안을 하고 싶다. 아마도 이 이야기는 핸드폰 회사에 적용되는 제안이 될 것이다. 국민 두 사람 중 한 사람 꼴로 핸드폰을 쓴다고 하니까 핸드폰 회사가 얼마나 철저하게 전화비 청구 전화와 메시지를 보내는지에 대해 모두들 실감하고 계실 거다. 이런 핸드폰 회사의(누구도 따라올 수 없는) 촘촘한 연락망을 재해 예보에 이용해 보자는 거다. 기상청과 핸드폰 회사가 연계해서, 예를 들어 동두천에 큰 비가 예상된다고 하면 동두천으로 주소를 등록한 사람들 핸드폰에 계속해서 재해 예보 메시지를 보내는 식이다. 혹은 사람들이 많이 여행하는 지리산 같은 산악지대 부근의 기지국에서 해당 지역 안에 있는 핸드폰에 메시지가 가도록 재해 예보를 송신하는 것도 좋은 방법이 될 것이다.

생각해 보라. 당신이 핸드폰 회사에서 보내온 메시지 때문에 곤경을 면했다면 그 핸드폰 번호를 바꾸고 싶겠는가? 지겹도록 메시지 보내서 요금 받아내는 것도 좋고, 수억 원 들여서 CF 찍는 것도 좋지만 가끔은 소비자들을 위해 이런 서비스를 제공한다면 훨씬 회사 이미지가 좋아지지 않겠는가?

" 제2의 이수현을 막기 위하여...

지하철이 30분 이상 오지 않아 속태워본 기억 한두 번쯤은 있을 것이다. 가뜩이나 성질 급하고 할일 많은 우리나라 사람들, 차 조금만 밀려도 클랙슨 빵빵거리며 난리인데 이런 일이 지하철에서 일어나면 클랙슨 눌러서 화풀이할 수도 없고 하여간 미쳐버린다.

그런데 만약 철로 안에 누군가가 뛰어들었다고 생각하면 문제가 달라진다. 자신의 삶을 완전히 포기하고 죽음을 선택한 누군가가 있다면, 그래서 열차가 2, 30분쯤 늦는다면 그건 사소한 문제가 아니다.

우리나라 지하철, 문제도 많지만 참 이건 정말 심각한 문제다. 자살하는 사람들도 안타깝지만 그건 일단 자기 선택이라고 제쳐둔다 해도, 누군가에게 떠밀려 혹은 발을 헛디뎌 철로 안으로 떨어졌다고 상상해 보라.

상상만으로도 온몸에 닭살이 돋을걸! 그런데 이건 언제든 실제 상황이 될 수 있는 일이라는 데 그 심각함이 있다. 신도림이나 청량리, 종로, 강남역 등 지하철 유동인구가 많은 곳에서는 실제로 가끔 사람들이 떨어져서 불의의 사고를 당한다고 한다.

얼마 전 고이즈미 일본총리가 내한했을 때 고(故) 이수현 씨의 부모님을 만났다는데, 이수현 씨만 해도 그렇다. 그 할일 많고 앞날 창창한 젊은이가 그렇게 안타깝게 생명을 잃어서야 되겠는가!

승객들이 지하철을 타고 내리는 승강장에 자동개폐식 출입문 설치를 주장하는 이유가 바로 그것이다. 그 많은 역사(驛舍)에 어떻게 그걸 다 설치하냐고 항변할지도 모르겠다. 하지만 각 역마다 집진장치며 대형 에어콘도 설치하는 나라에서 이런 자동식 문을 설치하지 못할 이유도 없지 않은가.
유럽의 어느 나라 지하철은 승강장에 자동문이 설치되어 있다고 한다. 그 나라가 얼마나 잘사는 나라인지는 모르겠지만 분명 돈이 차고 넘쳐서 그런 걸 설치한 건 아닐 것이다. 그만큼 승객들의 안전을 소중히 한다는 이야기일 터. 정 예산이 문제된다면 일단 새로 만드는 역사와, 유동인구가 많은 역사부터 차근차근 설치해 나가면 어떨까.

배부른 소리 같지만 비용이 좀 들더라도, 그래서 누군가의 목숨 하나를 살릴 수 있다면 그보다 아름다운 일이 이디 있을까.

아이디어를 말한다

송영욱_ 아마 프랑스라고 기억되는데 하여간 그쪽 지하철에는 객차하고 플랫폼 사이에 문이 있답니다.

전유성_ 내가 본 스페인은 그렇게 되어 있더군.

김대일_ 그건 정말 필요해요. 굳이 이수현 씨 얘기를 들먹이지 않아도 보도가 안 돼서 그렇지 지하철에서 죽는 사람이 종종 있거든요.

정효철_ 제가 아는 어떤 사람은 실제로 옆에 서 있던 사람이 뛰어들어서 자살하는 걸 봤다고 그러더라구요.

김대일_ 그런 얘기 들으면 사실 지하철 타기가 겁나요. 지하철 들어오면 괜히 뒷사람 한번 쳐다보게 되구…… 끔찍하잖아요. 더군다나 술이라도 한잔 한 날이면 더 그렇죠.

송영욱_ 그러니까 더더욱 문을 설치해야죠. 사실 이게 낭비인 것 같아도 효과가 많아요. 왜 지하철에는 먼지가 굉장히 많잖아요. 그런데 이 문을 설치하면 먼지도 많이 줄일 수 있답니다. 뭐 여름이나 겨울 같은 경우에는 에너지 효율 측면에서도 그렇구요.

김대일_ 하여간 고(故) 이수현 씨 같은 안타까운 일은 정말 없어져야 돼요.

" 피리 부는 사나이

얼마 전 일요일 오후, 마루에서 혼자 낮잠을 즐기고 있는데 누군가가 날 물끄러미 쳐다보는 느낌이 들었다. 처음에는 내 귀여운 아들녀석인 줄 알았는데 다시 생각해 보니 아이는 마누라하고 외갓집에 가 있는 중이 아닌가? '그렇다면 누구지?' 하는 생각이 뇌리를 스쳤고, 고개를 슬그머니 돌려봤을 때 난 소스라치게 놀랄 수밖에 없었다. 내 얼굴 바로 앞에 있었던 것은 상상도 할 수 없으리 만치 거대한 바퀴벌레였던 것이다. 거짓말을 약간만 보탠다면 그녀석은 얼굴을 분간할 수 있을 정도였다(그러고 보니 약간 불쾌한 표정이었던 것 같다). 그 엄청난 존재감이라니!

그런데 알고 보면 바퀴벌레는 인류보다 훨씬 오래 전부터 지구의 일원이었다고 한다. 듣기로는 아마 핵전쟁이 나서 인류와 대다수의 동물들이 멸종한다 해도 바퀴벌레만큼은 건재할 것이라고도 한다. 그만큼 바퀴벌레의 생존력이 강하다는 얘기겠지.

하지만 생존력이 강한 것은 비단 바퀴벌레뿐만이 아니다. 돈벌레라든가, 지네, 혹은 쥐 같은 것은 이상하게도 다들 생명력이 강하다. 하긴 영화 속에서도 악당은 끝내 살아남지 않던가.

물론 요즘은 해충박멸제가 많이 개발되고 개선되어서 그런 약이나 패취 형태의 장치들을 설치해 두면 바퀴를 비롯한 해충들은 대부분 제거되는 듯하다. 하지만 문제는 그 해충들 특유의 생존력으로 그런 약에 금방 적응해 나간다는 것이다. 할 수 없이 약은 더 독해질 수밖에 없고, 다시 해충은 거기에 적응한다. 한마디로 이건 악순환이다. 해충들을 박멸하기 위해 독해지는 약이 사람에게 해롭지 않으라는 법은 없지 않은가?

그렇다면 이런 건 어떨까? 옛날 동화 『피리 부는 사나이』에서 나오는 그런 피리 같은 형태의 해충퇴치제를 개발해 보자는 이야기다. 물론 『피리 부는 사나이』에서는 쥐들이 사나이의 피리 소리에 홀린 듯 따라나갔지만 여기에서는 그 역의 방식을 적용해 보자는 것이다.

분명 어떤 동물들이건 극도로 싫어하고 못견뎌하는 음향이나 음파가 있을 것이다. 그런 음파 발생 장치를 개발해서 집이나 건물들에 설치해 놓는다면 지금보다 훨씬 소프트하고 효과적으로 해충을 박멸할 수 있지 않을까?

  요즘 모 해충퇴치 회사가 독특한 사이트 운영방식으로 네티즌들에게 꽤 인기를 끌던데, 그 회사 관계자 분들은 이 아이디어를 한번 심각하게 검토해 주시길 바란다.

  P.S. 내가 이 아이디어를 냈다는 것을 우리 집 왕바퀴에겐 절대 비밀로 해 주셔야 한다. 그의 보복이 난 진실로 두렵다.

---

jeon, yoosung *talk talk talk*

그 비슷한 제품인 해충 퇴치제를 사용해 봤는데 잘 안되던데! 언젠가 신수동으로 이사간 첫날은 마루 천장에서, 둘쨋날은 안방 천장에서 쥐가 떨어진 적이 있었는데 동네에 사는 어떤 아저씨가 아이디어를 주셨다. 압정을 쥐가 다니는 천장에 많이 박아 놓으라는 거다. 압정을 박은 후에 천장에서 압정이 안 떨어지게 이사짐 쌀 때 사용하는 넓은 테이프로 고정시켜 놓으라고 했다. 말 그대로 그날 밤 실천을 했다. 쥐새끼들이 천장을 우루루 뛰어다니다가 발에 압정이 찔린 모양이다. 찍! 픽! 꽥꽥! 히더니 3일 후부터는 천장이 쥐죽은 듯이 고요했다.

"공공 화장실에서 대변을 볼 적에

주의! 아직 식사 전이라면 이 이야기는 넘어가시라!

대형건물이나 공공 시설물의 남자용 소변기는 대부분 물이 자동으로 내려 온다. 이른바 체온감지 센서를 장착한 결과다. 그런데 그게 어떻게 만들어진 아이디어인지는 잘 모르실 것이다. 기억도 까마득한 '86 아시안 게임', '88 올림픽 전야' 의 일이다. 그 당시 우리나라 관계자들이 외국 서비스 업계의 높으신 분들을 초빙해 각 호텔의 개선점에 관한 조언을 들은 일이 있었다. 그런데 그 외국 VIP들이 소변을 보고 물을 안 내리는 거다. 그래서 그 관계자가 물었단다.

"왜 물을 안 내리는 거요? 하물며 공중도덕이나 매너의 전도사인 당신들이?"

그러자 그 VIP 왈, "최근 에이즈나 각종 성병들이 창궐해서 만에 하나 병이 옮을까봐 화장실 안의 물건은 웬만해선 안 만집니다." 하더란다.

이 얘기를 들은 그 관계자, 호텔마다 자동 세척 장치를 설치하라고 계도했고 이것이 공공시설 등지에 퍼지게 되어 오늘에 이르게 된 것이다. 이거 우리나라가 최초다. 충분히 자랑스러워 할 만한 일이기도 하다.

 약간 결벽스러워 보이기도 하지만 충분히 공감이 갈 만한 이야기다. 사실, 나도 공공 화장실의 물건들은 손 대기가 왠지 껄그럽다. 굳이 에이즈나 각종 성병들을 들먹이지 않더라도 과히 기분이 좋은 것은 아니니까.
 다행히 요즘은 웬만한 건물이면 거의 다 자동 세척 장치가 되어 있어서 따로 손 댈 필요가 없다. 그런데 문제는 대변을 볼 때다. 대변을 보러 화장실에 들어갈 때 부득이 손잡이를 만져야 되는데 이게 영 불쾌한 느낌을 준다. 분명히 누군가가 이 안에서 일을 보았을 테고 뒷처리를 했을 텐데 똑같은 손으로 손잡이 잡고 문 열고 닫고 하지 않았겠는가. 그렇다면? 으…….

 기왕이면 이것도 손을 대지 않고도 처리할 수 있도록 할 수는 없을까. 가령 이건 어떨까? 문을 커튼식으로 만들어버리는 거다. 아래쪽에는 페달을 만들어 놓아서 발로 밟으면 문이 열릴 수 있는 방식으로 말이다. 그리고 밖에서는 아예 문을 열 수 없게 만들어버리고 오직 안에서만 문을 열 수 있게 만들자. 그러면 안에 누군가가 있을 땐 당연히 문이 닫혀 있겠지? 그럼 따로 노크할 필요도 없어진다. 당연히 안에 아무도 없다면 문은 열려 있을 테고. 만약 문이 그런 식으로 개선되면 볼일을 본 후 물 안 내리는 사람은 없어질 걸? 대변기 물 내리는 것이야 아시다시피 페달식으로 개선되고 있는 중이니까, 이런 손잡이 문제까지 해결되면 화장실 문화, 더 바랄 게 없지 않을까?
 우리의 화장실 문화를 한 단계 업그레이드 시키면 관광객 유치에도 유리할 뿐만 아니라 국민들의 삶의 질 또한 향상될 수 있을 것이다.

아이디어를 말한다

송영욱_ 옛날에 칵테일을 배웠던 적이 있는데 그때 강사분한테 들은 얘기예요. 몇몇 호텔에서 외국인들을 초청해서 여러 가지 조언을 들은 적이 있었는데 그때 그 외국인들이 소변을 보고 물을 내리지 않더라는 거죠.

정효철_ 그건 솔직히 공감이 가는 얘기예요. 구태여 성병이나 에이즈 같은 걸 염두해 두지 않아도, 찝찝한 건 사실이거든요.

김대일_ 너무 오버한다는 느낌도 드는데요?

송영욱_ 그런 사람도 있고 아닌 사람도 있을 거예요. 하지만 중요한 건 찝찝하다고 느끼는 사람들이 존재한다는 거 아닐까요?

정효철_ 그렇죠. 어차피 아무렇지도 않게 생각하는 사람은 뭐 바뀌어도 나쁠 것 없을 테구, 좀 찝찝하게 생각하는 사람들은 바뀌어서 좋을 테구……. 관광객들한테 세심하고 청결하다는 인상도 줄 것 같네요.

jeon, yoosung *talk talk talk*

프랑스 월드컵 때는 패션이 테마였다. 많은 구경꾼들이 몰려오는 월드컵 행사 때 옷 팔아먹는 기막힌 상술 아닌가. 내가 직접 가본 호주 시드니 올림픽은 테마가 환경이었다. 환경에 관한 상품 세미나와 실내 금연운동이 벌어지는 걸 직접 보고 왔다. 이번 한·일 월드컵의 테마는 어린이였지만 모르는 사람들이 많다. 하지만 질서나 친절을 테마로 했던 그 어떤 때보다 질서와 친절은 잘 지켜진 월드컵이었다. 그 뿌듯한 마음 한켠으로 나는 이색적이 테마를 구상해 보았다.

테마를 쇼핑으로 정하는 것이다. 그냥 팔아먹는 게 아니고 월드컵 기간 중에 골 터지는 숫자만큼 할인해 주자는 거다. 예를 들면 전날 15골이 터지면 15% 할인해 주고, 20골이 터지면 20% 할인해 주었다면 재밌지 않았을까? 설마 100골이야 터지겠는가!
그런데 이번 월드컵 기간중에 이걸 실제로 실천했던 가게가 있다. 바로 대구의 '금산삼계탕' 집이다. 승부차기도 포함되었다나!! 관중들은 골이 터지기를 얼마나 기다렸을까? 아니면 우리나라 월드컵 테마를 바가지로 정해 놓고 실컷 바가지를 씌웠더라면!
나도 시드니 올림픽에 가서 바가지 엄청 쓰고 왔다.

두 바퀴로 가는 발전기

얼마 전의 일이다. 밤 10시쯤인가 운전을 하다가 차선변경을 하려는데 뒤에서 오던 자전거를 미처 보지 못해 접촉 사고가 날 뻔했다. 사이드 미러를 보면서 조심한다고 했는데도 자전거를 보지 못했던 것이다. 예전 같으면 자전거에도 라이트가 있어서 쉽게 발견할 수 있었을 텐데, 다들 아시다시피 요즘 자전거에는 라이트가 달려 있지 않다. 설사 달려 있다 해도 뒤에만 조그맣게 달려 있을 뿐이고 그나마 건전지를 사용하는 것들이 대부분이다.

자전거 라이트가 사라진 것은 나름대로 이유가 있다. 예전의 라이트는 발전기에 의한 것이었는데 이게 소음도 심하고 속력도 많이 감소시킨다. 그러다 보니 옵션으로서의 라이트는 점점 설자리를 잃게 되고 만 것이다. 그렇다고 자전거를 밝은 대낮에만 타라는 법은 없다. 자연히 접촉사고가 빈번할 수밖에. 접촉사고로만 끝난다면 불행 중 다행이라고 넘어가겠는데, 많은 경우 큰 사고로 연결될 수 있다는 데 심각한 문제가 있다.

바로 내가 그 사고의 주인공이 될 뻔한 이후, 자전거 라이트 문제에 대해 곰곰이 생각해 보았다. 감속 요인과 소음 문제를 해결하면서 라이트를 설치할 방법은 없는 것일까?

열쇠는 아이들이 흔히 타고 다니는 인라인 스케이트에 있었다. 동네에서 아이들이 인라인을 타고 다닐 때 바퀴에서 불빛이 나는 것을 본 적이 있을 것이다. 이 원리를 자전거에 응용하는 거다. 즉 인라인에 설치되어 있는 코일과 자석의 위치만 바꿔서 자전거 바퀴축에 설치하면 된다. 자전거 고정축에 코일을 내장시켜서 바퀴가 회전할 때 같이 회전하는 다극자석을 두어 전기를 발생시키는 것이다. 이 방법은 단순히 순간적으로만 전기를 발생시킬 뿐만 아니라 발생시킨 전력을 저장할 수도 있다. 이렇게 저장된 전력은 후미 경고등은 물론, 액세서리에도 사용될 수 있다.

'필요는 발명의 어머니.' 라는 말은 단순한 수사가 아니다. 실제 자신이 곤란을 겪거나 절실하게 필요할 때 발명은 그 빛을 발하기 마련이다.

jeon, yoosung **talk talk talk** 자전거에 발전기를 달아 경고등의 불빛을 내는 데도 사용하고 핸드폰도 충전하면 좋겠군. 하지만 힘이 좀 들겠는걸.

역사적인 발명품, 어떻게 만들어졌나?

반짝이는 아이디어 하나가 세상을 바꾼다. 생활의 편리를 위해 시도한 모험이 실용화를 위한 집념어린 노력과 만나 인류 전체에 유익을 안겨주는 발명이 된다. 과학기술 발명은 필요와 영감이 어우러져 뿜어내는 생활과학인 것이다.

부모와 자녀가 함께 지혜를 모아 재미있는 발명, 발견의 세계에 도전해 보면 어떨까. 역사적인 발명품들이 세상에 나오게 된 과정을 보면 우리에게 시사하는 감동이 있다.

스트로

울퉁불퉁한 비포장도로를 달리는 자동차에서 음료수 한 병을 옷이나 시트에 흘리지 않고 말끔히 마시는 방법은 무엇일까. 이때 빨대 하나로 모든 것을 해결할 수 있다. 한여름 해변가에서 한 잔의 음료수를 두 연인이 함께 마시는 다정한 장면도 빨대가 있기에 가능한 일이다.

스트로를 고안한 이는 담배공장에서 담배를 둥글게 마는 일을 하던 평범한 노동자, 마빈 스톤. 1888년 퇴근길에 들른 선술집에서 담배처럼 종이를 둥글게 말아 만든 종이빨대를 처음 사용해 음료수를 마셔본 것이 발명의 계기가 되었다. 그는 평소 풀샘새 폴폴 나는 밀집빨대로 음료를 마시다 문득 종이를 가늘게 말아 접착제로 붙여보았을 뿐이었다. 그런데 이렇게 만든 종이 스트로가 어엿한 상품이 되어 나오자 너도나도 사용하게 된 것이다.

대규모 생산공장이 세워지고 스톤은 금세 노동자에서 재벌기업주로 변신했다. 음료 레모네이드가 인기리에 판매된 당시 상황과 맞물려 종이빨대는 함께 인기몰이를

역사적인 발명품, 어떻게 만들어졌나?

했다. 지금은 합성수지로 탈바꿈해 전세계인이 애용하고 있지만 스톤이 장난스레 만든 어슬프기만 한 종이빨대가 스트로의 원형인 것은 분명하다. 지나쳐버리기 쉬운 작은 아이디어 하나가 세상을 폭풍처럼 뒤흔든 예다.

포스트 잇

미국 3M사의 상업용 테이프 제품 사업부에 근무하던 아서 프라이어가 1974년 주일예배에서 영감을 얻어 개발했다. 교회에서 예배를 보던 그는 찬송가에 끼워뒀던 종이쪽지들이 우르르 떨어지자 투덜거리며 이 종이쪽지들을 주워올렸다. 그러다 갑자기 떠오른 생각. 그것은 '붙였다가 곧바로 깨끗하게 떼어낼 수 있는 접착제를 여기에다 사용해 보면 어떨까' 하는 것이었다.

'한 번 붙었다가 곧바로 떨어지는 접착제' 란 이 회사가 앞서 5년 전 신물질 합성 방식으로 처음 개발했으나 아무도 사용하지 않아 폐기처분 직전이었던 것. 사실은 꽤 괜찮은 발명이었지만 접착제는 절대 떨어지지 않아야 한다는 평소 생각 때문에 '이상한 접착제' 라며 철저히 외면당하고 있었다. 그러나 프라이어는 '사무용으로 이런 접착제가 필요한 경우가 많을 것' 이라며 실용화를 회사측에 제안해 이 이상한 접착제는 곧 화려한 스포트라이트를 받게 되었다.

이어 실패작으로만 여겨졌던 접착제는 고정관념을 깨부수면서 '포스트 잇' 이라는 거창한 이름을 달고 세상에 나왔다. 3M은 이후 가히 천문학적인 매출을 올렸다. 프라이어는 위대한 발명가라기보다는 훌륭한 발명품이 사장되지 않게 실용화를 제

역사적인 발명품, 어떻게 만들어졌나?

안한 아이디어맨에 불과한지도 모른다. 하지만 사무직 종사자의 업무를 매우 편리하게 변모시킨 이가 되었다.

크리넥스

제1차 세계대전 중이던 1914년 유럽은 매일같이 쏟아지는 부상병들로 인해 치료도구가 태부족이었다. 종이를 재료로 한 제품을 만드는 미국회사 킴벌리 클락이 치료용 솜을 대신할 제품을 개발한 시기가 바로 이때였다. 흡습성이 뛰어난 '셀루코튼'이라는 물질이었다. 약간의 솜에다 펄프 섬유소를 섞어 만든 것이었는데 치료용으로 큰 인기를 끌었다.

그러나 전쟁이 끝나자 찬밥신세였다. 그래서 회사의 사활을 걸고 궁리 끝에 만든 것이 휴대용 티슈였다. 셀루코튼을 종잇장처럼 얇게 제작, '크리넥스'라고 이름지어 화장을 지울 때 쓰면 편리하다고 대대적으로 홍보했다. 그러나 별 반응이 없었다. 당시는 모든 여성들이 값비싼 크리넥스보다는 천으로 만든 손수건에 만족하고 있을 때였다. 그러나 그 후 "주머니에 감기를 넣고 다니지 마세요!" 이 광고 문구 하나가 세상을 뒤집어놓았다. 감기로 시달리는 사람들이 손수건으로 코를 훔치고 다시 호주머니에 넣는 것을 꼬집은 이 새로운 광고로 인해 많은 사람들이 주머니에서 손수건을 꺼내 던져버리고 대신 크리넥스를 찾았다. 그 후 각 가정에서 엄청나게 구입하기 시작했고 크리넥스는 고유의 상표명에서 일약 '위대한 보통명사'로 바뀌었다.

역사적인 발명품, 어떻게 만들어졌나?

밴드 에이드

애처가였던 어얼 딕슨이 1900년대초 아내를 위해 처음 고안한 밴드 에이드. 외과치료용 반창고를 제작하는 존슨 앤 존슨사에 근무하던 딕슨의 아내는 주방에서 칼을 다루다 실수로 손을 베는 일이 잦았다. 그는 아내가 요리하다 다쳐 손가락을 입에 물고 어쩔 줄 몰라 하면 붕대와 반창고를 갖고 달려와 상처를 치료해 주던 다정한 남편이었다.

문제는 딕슨이 곁에 없을 때였다. 퇴근한 딕슨이 하루는 아내로부터, "피가 뚝뚝 떨어지는 손을 싸들고 한 손으로 엉거주춤 치료를 하느라 혼났다"는 얘기를 들었다. 그래서 생각해 낸 게 외과치료용 반창고에 표면이 매끄러운 크리놀린이라는 섬유를 소독해 붙여보자는 것이었다. 이 일회용 반창고 덕분에 아내는 혼자서도 손쉽게 치료를 할 수 있게 됐고, 딕슨도 마음놓고 직장생활에 전념하게 됐다. 아내를 사랑하는 열성이 그로 하여금 새로운 치료도구를 만들게 한 것이었는데 회사가 이에 관심을 가져 그의 아이디어는 대대적인 상품화로 이어졌고 그것은 뜻밖에 이 회사를 세계적인 기업으로 끌어올린 대히트작이 되었다.

누드로 가는 발명

한국에 누드 바람이 거세게 몰아치고 있다.
부품이 훤히 들여다보이는 누드 전화기와 누드 손목시계.
올라가면서 투명한 유리를 통해 바깥 풍경을 감상할 수 있는 누드 엘리베이터.
낚싯줄이나 피아노 선을 이용하여 줄이 눈에 잘 띄지 않도록 한 누드 목걸이.

역사적인 발명품, 어떻게 만들어졌나?

모 가전업체에서 만든 누드 세탁기와 누드 단말기.
속이 들여다보이는 누드 컴퓨터, 아이맥(iMAC).

우리는 점점 누드에 익숙해져 가고 있다. 무엇이 누드 바람을 불게 하는가? 이것은 일회성으로 그치는 유행인가, 아니면 기술 개발의 한 흐름인가. 사회적인 용어로 상품에 쓰이고 있는 '누드'라는 말은 사실 '투명'이라는 말로 바꾸는 것이 더 정확할 것이다. 누드라는 것은 영어권 언어로서 알몸이나 나체를 뜻한다. 그러나 투명은 속이 훤히 들여다보이는 것 또는 물체가 빛을 잘 통과시키는 것으로서 반대되는 개념으로 '불투명'이 있다. 그러나 투명보다 누드라는 말로 사실상 굳어진 이유는 사람의 귀를 솔깃하게 하는 상업적 전략도 포함되어 있겠지만, 겉에 걸치고 있는 거추장스러운 것을 벗어버림으로써 알몸을 보여준다는 신뢰의 개념으로 이해해야 할 것이다. 알몸을 보여주는 행위가 곧 자신의 속을 투명하게 보여주는 것이라는 뜻이다. 상품의 외관을 싸고 있는 재질을 투명하게 하여 상품의 내부를 보여주는 것은 곧 사람이 옷을 벗는 행위와 같은 것이라고 이해할 수 있다.

영화에 투명한 전화기가 간혹 등장하면서 사람들의 관심을 끈 누드 전화기는 최근 휴대폰에 도입되면서 전자파 유해논란이 일긴 했지만 사람들에게 폭발적인 인기를 끌고 있다. 내부의 기계적이거나 전자적인 부품이 훤히 들여다보이는 것은 사실 심미적인 아름다움을 오히려 더욱 반감시킨다. 그럼에도 불구하고 누드 제품이 인기를 끄는 이유는 무엇일까.

톡톡 튀는 신세대들이라서 마냥 좋아하는 것일까? 그런 이유도 포함될 수 있겠지만 더욱 근원적인 해답은 우리나라 사람의 민족성에서 찾아볼 수 있다. 우리나라 사

역사적인 발명품, 어떻게 만들어졌나?

람은 유난히 만져보기를 좋아한다. 친구들이 새로 샀다고 무언가를 자랑하면 꼭 자기 손으로 만져보아야 직성이 풀린다. 각종 전시장엘 가도 한국 사람들은 꼭 만져보고 확인을 한다. 어쩌면 지금까지 많은 것에 속아온 한국인들의 무의식적인 행동이 아닐까 싶다.

지금까지 한국의 많은 기업체들은 자신을 투명하게 공개하지 않은 채 살아왔다. 불투명한 상태에서 물건을 만들고 팔았으며 이익을 챙겨왔다. 그러다 보니 자연히 부정과 비리가 상품 속에 숨어들고 점점 커진 거짓은 소비자들로 하여금 불신을 가지도록 하였다. 그러나 어쩔 수 없는 천재지변과 같은 IMF로 인해 이제는 투명하지 않으면 살아갈 수 없는 시대가 오고 말았다. 모든 걸 투명하게 공개했을 때에만 외국인들은 조금씩 마음의 문을 열었다. 한국의 자료는 도무지 믿을 수 없다는 외국인들. 방(room) 문화에 젖어 있는 우리네의 노래방과 PC방, 비디오방에는 모두 안을 볼 수 없도록 만들어 놓아 탈선의 공간이 되고 있다.

그러나 이제는 투명한 문화로 바꾸어야 한다. 자신있게 우리의 행동과 알몸을 드러낼 수 있어야 한다. 투명한 것은 곧 신뢰를 뜻한다. 자신이 없으면 투명한 공개를 할 수가 없다. 이 원리는 상품에도 똑같이 적용된다. 우리는 많은 것에 투명함을 줌으로써 소비자가 더욱 신뢰할 수 있도록 할 수 있다. 또한 투명하게 함으로써 소비자들이 궁금하게 여기는 일부분을 보여줄 수 있다.

투명한 것으로 가장 널리 알려지고 좋은 효과를 보았던 것은 주소 부분에 비닐창을 댄 편지봉투다. 이 발명은 원가절감 부분에서 획기적인 이익을 가져왔다.

역사적인 발명품, 어떻게 만들어졌나?

지금은 편지봉투뿐만 아니라 대형 우편봉투에도 투명 비닐창을 넣어 주소를 쉽게 확인할 수 있도록 하고 있다. 외국에서는 배달봉투를 아예 통채로 비닐봉투로 만들어 우편물이 모두 보이게 하고 우편물에 주소를 붙여 배달하는 출판사도 생기고 있다. 이러한 봉투의 투명화는 원가절감은 물론 일손도 그만큼 줄어들어 큰 효과를 보는 것으로 알려지고 있다.

지금까지 다른 사람들이 만든 누드 이야기만 했다. 이 누드 확산 분위기를 발명의 개념으로 이어가보자. 맨 처음 언급했던 각종 누드 제품들은 사실 발명의 발상기법 가운데 역발상 원리를 이용한 발명품이다. 투명한 발명품을 만드는 방법으로는 제품 전체를 투명하게 만드는 방법과 제품의 일부분만 투명하게 만드는 방법, 그리고 투명 정도를 반투명한 상태로 만드는 방법 따위로 나누어볼 수 있겠다. 어떤 제품이든 투명한 부분을 넣음으로써 제품의 신뢰성을 높이거나 품질을 확인시킬 수 있는 것은 무엇이 있을까?

모든 물건에 이 누드 원리를 적용시켜 아이디어를 끌어내 보자.

세탁기에 투명창을 만들어 안에서의 동작을 볼 수 있도록 하는 개념을 적용시켜 보면 많은 아이디어를 만들 수 있을 것이다. 모든 캔 음료에 세로로 투명창을 만들어 안의 내용물이 보이게 하는 것은 어떨까? 내용물의 양 변화가 있는 제품에 대해서는 모두 이 원리를 적용시켜 볼 수 있을 것이다. 냉장고의 문을 투명하게 만들어 안의 상태를 알아볼 수 있도록 하는 것은 어떨까? 안의 내용물을 보이도록 하는 것이 미관상 보기에 좋지 않다면 평소에는 일반문을 사용하고 원할 경우에만 투명창으로 바뀌어 문을 열지 않고도 안의 상태를 확인하도록 하는 것도 괜찮겠다.

역사적인 발명품, 어떻게 만들어졌나?

신선도를 투명한 창으로 나타내면 어떨까? 청결 정도를 투명창으로 나타내면 어떨까? 신선도나 청결도가 최고일 때는 투명한 창이지만 그 정도가 떨어지면 점점 반투명, 불투명 상태의 창으로 바뀌도록 하면 소비자에게는 더없이 좋은 제품이 될 것이다.

눈을 돌려보자. 이제부터 사물을 바라볼 때는 특수안경을 쓰고 알몸을 들여다보자. 그래서 보여줄 수 있는 것은 모두 보여주자.

누드 발명. 그 이름만으로도 신뢰를 받을 수 있도록. 지금부터 누드 발명으로 가자.

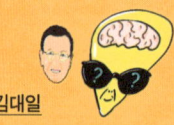

전유성이 본 김대일

삐딱한 생각만 하는 사람. 예를 들어 비행기 활주로는 왜 평지인가?
활주로를 내리막길에 만들면 이륙할 때 기름값이 절약될 텐데!
과학적인 사고의 정상적인 사람.

전문발명가 _김 대 일

" 우리 열받는데
콱 결혼해 버릴까?

어린 시절 순회 서커스단 공연을 구경했던 기억들이 한두 번쯤은 있을 것이다. 공연 며칠 전부터 온동네 담벼락에 붙어 있던 광고 포스터나 여기저기 떨어져 있던 전단지를 보며 설레는 맘으로 공연을 기다리던 어린 시절! 나에겐 피에로와 곰의 묘기나 반라의 여자들이 날 듯이 뛰던 그네보다, 동네 공터 한가운데에 대형 텐트가 세워져가는 과정 자체가 더 흥미거리였다. 앙상한 목재 골조가 일일이 세워지고 거기에 막이 씌워지고 순식간에 비를 피할 수 있는 거대한 공연장이 만들어지는 모습은 경이롭기까지 했으니까.

하여간 모든 설치 작업이 끝나고 공연을 알리는 현수막이 걸린 대형 애드벌룬이 하늘에 둥실 떠오르자 동네 아이들이 함성을 지르던 모습은 지금도 눈에 선하다. 하지만 난 그걸 보면서 엉뚱한 생각을 했다.

'저걸 왜 힘들게 일일이 나무로 세우고 저러지? 애드벌룬에 텐트를 달면 될 텐데.'

비록 어린 시절에 생각해 낸 간단한 발상이긴 했지만

이건 충분히 활용 가능한 아이디어다. 실제로 우리 주위를 보면 이런 식의 텐트 구조물들은 광범위하게 사용되고 있다. 가령, 아파트를 신축하거나 큰 상가건물을 세울 때 대대적으로 벌어지는 분양 상담 행사들을 보라. 거대한 애드벌룬을 띄우고 여기저기 비치 파라솔을 치고 책상 들여놓고, 하여간 정신없다. 그런데 우리들이 무심히 지나치며 보게 되는 이런 구조물들은 서커스장만큼이나 설치가 힘들고, 들어가는 돈도 만만치 않다. 광고용으로 띄우는 애드벌룬은 말할 것도 없고 큰 건물 같은 경우 수십 개는 세워야 하는 비치파라솔도 의외로 돈이 많이 들어가는 품목들이다.

　왜 그걸 따로따로 하는가? 애드벌룬에 줄을 달아서 거대한 차양막을 매달면 따로 비치파라솔을 설치할 필요가 없지 않겠는가? 말하자면 애드벌룬과 비치파라솔의 기능을 합쳐버리자는 거다. 이 아이디어는 아파트 분양 상담 행사뿐만 아니라 큰 바자회나 축제 행사장 같은 곳에도 사용될 수 있다. 바자회나 축제 행사장에서 사용되는 대형 텐트를 애드벌룬 겸 차양막으로 대신한다면 훨씬 경제적이지 않겠는가? 어차피 그런 장소들은 광고용 애드벌룬을 쓰기 마련이고 그럴 바엔 합쳐진 용도의 새로운 애드벌룬을 사용하는 게 나을 것이다. 일석이조(一石二鳥)란 말은 괜스레 나온 말이 아니니까.

　언뜻 생각하면 애드벌룬에 차양막을 다는 것이나 비치파라솔, 혹은 대형 텐트를 설치하는 편이 비용면에서 별 차이가 없을 것 같지만 대형 텐트 값은 우리가 생각하는 것 이상으로 고가의 제품들이다. 비싼 건 2~3천만 원을 호가한다니 말이다. 뭐, 이건 생각이 너무 비약적으로 나가는 것 같기도 하지만 군사용으로도 활용이 가능하지 않을까? 군대 다녀온 분들이라면 훈련 나가서 전방지휘소, 후방지휘소 만드느라 고생했던 경험을 다 기억하실 테니까. 실제 전쟁이 난다면 훈련 이상으로 이동도 많을 테고 정신도 없을 텐데 간단하게 지휘소가 만들어지면 전투력도 조금은 향상되지 않겠는가. 다양한 활용이 가능한 이 아이디어를 한마디로 요약한다면 이 정도가 될 것 같다.

"왜 구조물은 기둥으로만 세워야 하나? 하늘에 매달아 놓을 수도 있는 것 아니냐?"

사람들은 발상을 전환하자는 얘기는 많이 하지만 실제로 그렇게 되기는 쉽지 않다. 실현 가능성은 일단 차치해 두고 이렇게 발상을 거꾸로 해 버릇하면 어떨까? 길거리 다닐 때 아무 생각 없이 지나지 말고 눈 좀 부릅뜨자는 말이다.

jeon, yoosung *talk talk talk*

자갈치시장에 자갈치 아줌마 동상 하나 만들면 어떨까? 자갈치시장에 오는 사람들 누구나가 그 동상 앞에서 사진도 찍을 수 있게 만들자. 내가 아무리 떠들어도 만드는 사람은 없다. 그러면 방법이 있다. 말한 놈이 하는 수밖에!!!! 내가 지금까지 살면서 직책 맡은 게 하나도 없는데 자갈치 아줌마 동상건립 임시위원장 정도는 맡아서 일을 추진해 봐야지! 나중에 성금이나 좀 내든지 아니면 동상 앞에 와서 사진이나 찍든지!!!!

"이 상황은
실제 상황입니다.

온세계를 떠들썩하게 만들었던 뉴욕 쌍둥이빌딩 참사를 보면서 참 많은 생각을 했다. 만약 내가 그 안에 있었더라면 난 살아남은 축에 속했을까, 아니면 사망자 명단에 올랐을까? 글쎄, 나도 잘 모르겠다. 운이 좋았으면 살았을 테고 아니었다면……

비단 뉴욕의 참사뿐 아니라 사람의 목숨을 앗아갈 만한 사고는 우리 주위의 여기저기서 일어난다. 그리고 어떤 사건이든 모두 정리되고 나면 언론에서 이 한마디는 잊지 않고 지나간다. '준비했더라면 충분히 막을 수 있었던 명백한 인재였다.'

이런 걸 사후 약방문이라고 하던가. 혹은 소 잃고 외양간 고친다.

그렇지만 아닌 게 아니라 대부분의 사고는—천재(天災)가 아닌 이상—미연에 방지할 수 있는 그 무엇이 있다. 하지만 사람들은 '설마 그런 일이 나한테 일어나겠어' 라고 생각하며 방비를 게을리하기 마련이다. 안타까운 일이지만 나도 그 범주에서 벗어나진 못할 것이다.

대부분의 대형 건물들, 혹은 아파트 같은 곳에서 화재 사고가 일어나면 사람들은 너 나 할 것 없이 겁에 질려 옥상으로 뛰어올라간다. 그나마 집 안에서 빠져나오지 못한 사람들은 겁에 질려서 울부짖다가 그냥 창문이나 베란다에서 뛰어내리기도 한다. 실제로 난 어렸을 때 아파트에서 화재가 난 걸 본 적이 있었는데 안타까운 마음에 이런 생각을 했었다. 층층마다 있는 저 베란다를 사다리로 바꿀 수 있다면 저걸 타고 내려올 수 있을 텐데.

설명하자면 이렇다. 비상시에 베란다를 아래로 내릴 수 있게 만들어 놓고 아래로 내려진 베란다는 아랫집 베란다하고 연결되도록 해놓는 것이다. 이러면 훌륭한 비상 사다리가 만들어질 것이고 사람들은 그 베란다 사다리를 타고 아래쪽으로 무사히 탈출할 수 있을 것이다. 앞으로 만들 아파트는 모두 이렇게 만들면 좋겠다. 최소한 '무슨무슨 아파트 참사' 같은 말은 사라지지 않겠는가. 요즘 보면 '프리미엄'이니 '팰리스'니 하는 호화찬란한 이름의 아파트가 많이 생겨나던데 이름만 호화찬란해서야 무슨 소용이 있겠는가. 그 안에 생명에 대한 세심한 배려가 들어가야 진정한 프리미엄이라고 할 수 있지 않을까. 뭐니뭐니해도 사고 자체가 일어나지 않도록 철저히 방비하는 것이 최선일 테지만 말이다.

Emergency Room

몇 년 전쯤인가, 모 방송국에서 〈E.R〉이라는 프로그램을 방영했었다. 어느 종합병원의 응급실에서 일어나는 일들을 소재로 한 메디컬 드라마였는데 꽤나 즐겨 봤던 기억이 있다. 그 드라마에서도 마찬가지였지만 사람들은 흔히 '응급실'이나 '종합병원' 하면 팩 형태로 된 수혈용 혈액 봉지를 연상하게 될 것이다.

잠시 상상해 보자. 앰불런스에서 급한 환자가 실려오면 주인공이 포함된 의사들은 총출동해서 환자를 수술실로 이동시키고 어디론가 전화를 건다. "제3수술실에 A형 혈액 2리터!" 그러면 화면은 부속실로 바뀌고 조연쯤 되는 병원 스태프가 냉장고를 열고 뒤적거린다. 하지만 그의 표정으로 봐서 찾는 것이 없는 것 같다. 그러자 이 스태프, 좀더 큰 냉장고 문을 연다. 그 안에 빼곡히 들어찬 혈액 주머니……. 여기서 화면 스톱.

내가 이야기하려고 하는 것은 바로 저 혈액 냉장고다. 이거 생긴 것은 냉장고 같지만 그렇다고 냉큼 '냉장고'라고 부르면 그 친구, 꽤나 섭섭해 할 것이다. 냉장고와는 비교가 안 될 정도로 굉장히 고가이기 때문이다. 그날 하루에 공급될 혈액은 일반 냉장고에 보관해도 상관없지만 대용량의 혈액을 보관하기 위해선 그 안이 진공 상태여야 하고, 그 때문에 대용량의 혈액 저장고는 고가가 될 수밖에 없다고 한다. 대부분의 진공 저장고는 컴프레서(compressor : 진공 압축기)라는 기계로 그 안의 공기를 빼낸다. 컴프레서라는 기계가 바로 고가의 주범이다. 이 말은 저장고 안의 공기를 빼내는 방식을 달리한다면 진공 저장고의 가격이 내려갈 수 있다는 얘기도 된다. 글쎄? 그게 그렇게 어려운 일일까? 내 생각엔 초등학교만 제대로 나온 사람이라면 쉽게 해결할 수 있는 문제 같은데.

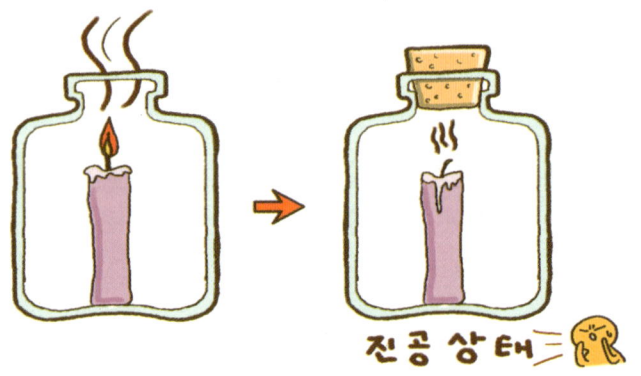

가령 우리가 과학실에서 하던 간단한 실험을 기억해 보자. 비커 안에 촛불을 켜놓고 뚜껑을 닫는다. 그러면 비커 안의 촛불은 잠시 후 꺼진다. 이유는? 비커 안의 산소가 모두 사라졌기 때문이다. 말하자면 비커 안이 진공 상태로 바뀐 것이다. 우리가 뭐 컴프레서 가지고 비커 안의 공기를 쭉 뽑아낸 것도 아니다. 그저 촛불을 켜 놓았을 뿐.

덩치가 크다고 해서 이 원리가 적용될 순 없을까? 뭣하러 비싼 컴프레서 같은 기계를 사용하는지 난 도무지 알 수가 없다. 공기는 비단 저장고 밖에서만 뺄 수 있는 것은 아니다. 저장고 안에서도 충분히 뺄 수 있을 것이다.

앞으로 대용량 혈액 저장고의 가격이 낮아지기를 기대해 본다.

ˮ육군 병장 김대일 1탄
-총은 그렇게 쏘는 게 아니라니까요!

　우리나라 남자들이 술을 마실 때 얘기하는 것은 딱 세 가지라고 해도 과언이 아니다. 첫째가 정치, 둘째가 여자, 마지막이 군대 얘기다. 나도 예비역이지만 예비역들 얘기 듣다보면 심하다 싶을 때가 한두 번이 아니다. 굳이 '소수 정예'란 말을 들먹이지 않아도 분명히 특수부대는 소수일 텐데 예비역의 80%는 특수부대 출신이다. 그것뿐인가? 공군 기지에서 근무한 사람이나 수도 통합병원에서 근무한 사람이나 북한군들을 본 경험들이 한 번쯤은 다 있다. 그야말로 군대 가서 배우는 건 '허풍' 뿐이라고 한대도 할 말 없는 노릇이다. 하지만 까짓 허풍 좀 친들 어떤가. 국가에 충성하고 무사히 제대했으면 된 거지. 비록 후방에서 근무한 몸이지만 나에게도 무용담은 있다. 물론 발명에 관련된 이야기다.
　사격 중에서 서서 쏘는 이른바 '지향사격'의 경우, 오른쪽 그림에서처럼 오른손으로 방아쇠를 잡고 왼손으로 총열을 잡게 된다. 즉, 왼손으로 사격 목표를 잡아야 한다는 이야기다. 하지만 이건 좀 문제가 있는 자세다. 왼손잡이가 아닌 이상 오른손보다 감각이 덜 발달되어 있는 왼손으로 목표를 잡을 경우 명중률이 떨어질 수밖에 없기 때문이다. 그런 단점을 보완하기 위해서 내가 새로 고안해 낸 자세가 오른쪽의 그림과 같이 검지 손가락을 펴서 목표를 잡는 자세다. 비록 감각이 떨어지는 왼손이긴 하지만 감각세포가 집중되어 있는 손가락을 사용함으로써 사격 명중률은 현저히 높아진다. 혹시 사격시의 반동을 걱정하는 분이 있을지 모르나 지향사격 자세에서의 반동을 잡아주는 건 왼손이 아니라 어깨끈이다. 바로 이 아이디어로 난 사단장 표창을 받았고 그게 내 무용담의 전모다.

아무리 전쟁 형태가 '첨단 공중전'을 지향한다지만 결국 전쟁의 대미를 장식하는 건 보병이다. 그건 우수한 보병의 전투력만이 전쟁에 종지부를 찍을 수 있다는 이야기다. 내 아이디어가 우리나라 보병의 전투력 향상에 조금이라도 도움이 됐으니 내 2년 남짓한 군생활도 결코 헛된 것만은 아니었던 셈이다.

jeon, yoosung *talk talk talk*

난 포병 방위였다. 내가 포병시절에 만들어낸 아이디어는 이런 거였다. 우리 방위병들을 괴롭히던 중사가 한 명 있었다. 내놓고 욕할 수는 없었는데 그때 해태에서 '샤브레'라는 맛있는 과자가 나왔다. 샤브레하면 씨★놈이라는 말로 사용하기로 했다. 중사가 야단을 치고 나면, 샤브레나 사먹자 하고 키득거렸고 샤브레 지나간다 하면, 중사가 지나가는 거였다. 제대할 때쯤 우리 중의 한 명이 샤브레에 관한 이야기를 김 중사에게 들려주었다. 김 중사는 화를 벌컥내면서 제대할 때까지 우리를 괴롭혔다. 그놈은 정말 샤브레였다.

〞육군 병장 김대일 2탄
-포병 넘버 원

　포병으로 근무했던 분들은 잘 아시겠지만 포사격을 할 때 사격 기준점으로 사용되는 흰색, 빨간색 봉이 있다. 그러니까 하나는 가깝게, 다른 하나는 멀리 꽂아두고 그 사이에 포를 설치한 후 삼각함수를 응용해서 포격 목표를 잡게 되는 것이다. 물론 낮에는 흰색과 빨간색으로 그걸 구분하게 되지만 문제는 야간 포격이다. 예전엔 이 봉에다 플래시를 설치하는 것으로 문제를 해결했다. 그런데 이 플래시는 에너지 효율 측면에서나 휴대 문제에 있어 단점이 너무 많았다. 가령, 휴전 상태인 우리나라의 경우 야간에 설치된 포만 해도 만 개에서 만오천 개가 되는데, 밤새 플래시를 켜놓아야 한다. 전쟁이 발발되면 언제라도 바로 포격할 수 있도록 준비가 돼 있어야 하기 때문이다. 포 한 문당 하룻밤에 여섯 개를 써야 되고 거기에 들어가는 건전지는 무려 몇만 개를 넘어선다. 그 비용이 일 년이면 몇십 억이다. 또 무게도 무거워서 포 한 문당 휴대해야 하는 배터리의 무게가 15킬로그램을 넘는다. 이거 가뜩이나 힘든 포병들, 죽으라는 얘기다.

　그래서 내가 생각한 것이 바로 '케미라이트'를 이용하는 방법이었다. 낚시꾼들이 밤낚시를 할 때 찌에 달아놓는 발광체를 흔히 보셨을 거다. 바로 이 케미라이트를 플래시 대신 설치하자는 거다. 간단한 발상이긴 하지만 효과는 굉장히 크다. 비용으로 따져봐도 플래시의 10분의 1 정도밖에 안 되고 150개를 한꺼번에 휴대해도 무게가 1킬로그램을 넘지 않기 때문이다. 이 아이디어는 현재 우리나라 군뿐만 아니라 미군과 자위대에서까지 사용되고 있다. 이 정도면 한 30분 정도 자아 도취감에 빠져도 그리 흉이 되진 않겠지?

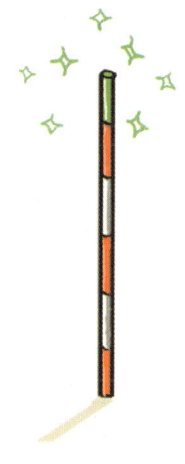

〞간이용 손잡이

　관찰력이 날카로운 사람이라면 병원 입원실의 손잡이하고 가정집에 있는 문의 손잡이가 다르다는 것을 알고 있을 것이다. 반대로 '어? 병원이랑 가정집이랑 어떻게 다르더라? 하고 새삼 생각하는 사람이라면 일단 관찰력은 떨어진다고 볼 수 있겠다.

　병원에 있는 문의 손잡이와 가정집의 손잡이는 분명히 다르다. 전자는 길쭉한 모양으로 되어 있어서 아래로 내리려고 잡아당기면 열리는 형태고 후자는 그냥 동그란 모양의 손잡이 부분을 손으로 감싸쥐고 오른쪽으로 돌려야 열리는 형태다. 겨우 걷기 시작한 아이가 있는 집이라면 두 손잡이의 효율성이 얼마나 차이가 나는지 실감할 수 있을 것이다. 동그란 손잡이의 경우 유아들이 열기란 좀처럼 어려운 일이다. 감싸쥐는 것도 힘들 뿐더러 손목을 비트는 것도 아이들 입장에선 수월한 일이 아니다. 그렇지만 병원에 설치된 '당기는' 손잡이는 아이들도 쉽게 열 수 있다. 비록 작은 차이처럼 보일지라도 분명한 효율성의 차이가 있다는 얘기다. 병원은 아무래도 거동이 불편하고 기력도 쇠약한 환자들이 있는 곳이고, 또 그만큼 분초를 다투는 위급한 상황이 자주 일어나는 곳이기 때문에 아래로 당기는 손잡이를 사용하는 것이다.

그럼 왜 가정집은 동그란 형태의 불편한 손잡이를 사용하는 걸까? 이유는 돈 때문이다. 손잡이를 만들려면 금형을 사용하게 되는데 각이 진 금형은 원형의 금형보다 제작비도 비싸고 마모도도 훨씬 크다. 당연히 각진 금형을 사용해야 하는 길쭉한 손잡이가 제작비가 비쌀 수밖에 없고, 이런 이유로 대부분의 건설회사는 동그란 손잡이로 문을 만든다.

하지만 '간이용 손잡이'를 사용한다면 보통 가정집에서도 길쭉한 손잡이의 편리함을 누릴 수 있다. 모든 발명이 그렇듯 원리는 간단하다. 이미 설치돼 있는 동그란 손잡이에 덧씌워서 사용할 수 있는 길쭉한 손잡이를 플라스틱으로 만드는 것이다. 플라스틱이니까 금형이 마모되는 것도 그리 걱정할 것 없고, 가격도 저렴할 것이다. 수요는 충분하리라 생각한다. 유아나 노약자가 있는 집이라면 대부분 사용할 테고 구태여 유아나 노약자가 없는 집이라도 이왕이면 편리한 기능으로 손잡이를 바꾸고 싶어하지 않을까?

" 오빠! 달려~

오늘도 폭주족들은 목숨을 걸고 도로를 누빈다. 그들에게는 미래도, 가족도 중요하지 않다. 단지 스피드만 있을 뿐. 스피드 안에서 쾌락을 느끼고 그 쾌락 안에서 모든 것을 잊어버린다. 그러다가 사고가 나면? 그걸로 모든 것은 끝이다. 헬멧이라도 썼다면 그나마 목숨은 구하겠지만 폭주족에게 헬멧 따위는 쓰지 말아야 될 그 무엇이기 때문이다(물론 개중에는 헬멧을 꼭 착용하는 범생이 폭주족도 있긴 하다).

다른 사람들이 보기에는 무모해 보이고 혀를 찰 만한 일이지만 폭주족들이 헬멧을 쓰지 않는 데는 나름대로 이유가 있다. 비록 헬멧 자체는 2.4kg 정도에 불과하지만 속력이 100km, 200km를 넘어서면 그 무게는 많게는 6kg까지 증가한다. 6kg의 무게가 머리를 누른다고 생각해 보라. 폭주족들이 목숨을 내걸면서까지 헬멧을 쓰지 않으려 하는 것도 무리는 아니다. 폭주족들은 그렇다 치더라도 전문적인 선수들까지 헬멧을 안 쓸 수는 없다.

폭주족들 이상의 스피드를 내야 하는 전문 선수들의 경우, 이런 이유로 헬멧의 과학이 기록을 좌우할 수밖에 없다.

　세계 최고의 헬멧은 일본의 '쇼웨이' 제품과 '아라이' 제품이 선두를 다툰다. 쇼웨이 제품의 경우 헬멧의 무게를 1.4kg까지 줄였고 아라이 제품은 기껏해야 1.8kg 정도이다. 그럼에도 불구하고 선수들은 아라이 제품을 선호한다. 아라이 제품은 절대중량에 있어 쇼웨이 제품보다 무겁지만 실제 고도의 스피드로 달릴 때는 특유의 설계로 인해 쇼웨이보다 오히려 가벼워지기 때문이다. 거기다가 헬멧 안의 보강재는 쇼웨이보다 튼튼하니 선수들이 아라이를 선호할 수밖에. 이 때문에 아라이 제품 중에 비싼 것은 백만 원을 넘어서는 것까지 있다. 스쿠터 타시는 분들에게는 기가 막힐 노릇이다. 그만큼 오토바이 헬멧 제작은 간단하지 않다. 오토바이라는 게 사고가 났다 하면 운전자가 위험에 그대로 노출되기 때문에 사이클 선수들처럼 물방울 헬멧도 쓸 수 없다. 그런 돌출형의 경우 운전자의 목뼈를 부러뜨릴 수 있기 때문이다. 최대한 원형의 틀 안에서 만들 수밖에 없다. 이런 여러 가지 이유로 오토바이 헬멧을 만드는 데는 엄격한 국제 기준이 있다.

　그런데 그러한 국제 기준 중에서 흥미로운 것은 헬멧의 돌출이 1.5cm까지 가능하다는 것이다. 대부분 이 1.5cm의 룰을 그저 멋을 내는 데만 사용할 뿐이다. 아무리 생각해 봐도 아까운 일이다. 저 허용치를 이용해서 멋뿐 아니라 기능성을 올려줄 방법은 없는 걸까?

가령, 1.5cm의 날개를 붙인다면? 이른바 '날개 달린 헬멧'을 만들어 보자는 거다. 헬멧의 양 옆에 1.5cm 정도의 날개를 붙이면 200km가 넘는 스피드에서 발생하는 기류가 날개를 타고 헬멧을 어느 정도 들어올리게 된다. 헬멧이 기류를 타고 스스로 올라갈 수 있다면 하중은 획기적으로 줄어들 것이다. 주행시 선수들이 받는 4~6kg의 하중을 많게는 2.5kg까지 줄일 수 있다. 좀더 보완해서 헬멧에 붙는 날개를 본체와는 달리 부서지기 쉬운 재료로 만든다면 사고시의 위험을 더 줄일 수 있을 것이다.

부모보다 먼저 죽는 것은 불효 중의 으뜸이란다. 부디 이 헬멧이 제품화돼서 폭주족들도 헬멧을 쓰고 달리는 모습을 볼 수 있기를 기대해 본다. 이왕이면 이 헬멧에는 이 한 글자를 새겨넣는 것도 좋을 듯하다. '孝'

촛불 끄기용 케이크 커버

미국의 한 통계에 따르면 어린이 전염병의 50%가 생일파티 때 발생한단다. 주범은 바로 생일 케이크다. 아이들이 생일 케이크의 촛불을 끄기 위해 같이 바람을 불게 되는데 그때 자연스럽게 여러 아이들의 침이 케이크에 튀게 된다. 그런데 만약 그 중의 한 아이라도 전염성 병을 가지고 있다면 그 케이크를 나눠 먹는 아이들 모두가 병에 걸리게 되는 것이다. 병이라는 게 바로 나타나는 것이 아니니까 그 자리에서 병을 얻게 된 아이가 자신이 병에 걸린 줄도 모르고 또 다른 파티에 가게 되면 그야말로 릴레이처럼 병이 퍼져 나갈 수밖에 없게 된다. 이거 굉장히 심각한 문제다. 우리나라 사람들이야 워낙 한솥밥을 나눠 먹는 것이 일반화돼 있어서 문제의식을 잘 못 느끼겠지만 저항력이 약한 아이들에게 이건 교통사고 이상으로 위험한 일이다.

하지만 이런 문제는 약간의 수고만 더한다면 쉽게 해결될 수 있다. 제과점에서 케이크를 진열할 때 신선도를 유지시키기 위해서 씌워놓는 투명 커버를 본 적이 있을 것이다. 이 투명 커버로 케이크를 모두 덮은 뒤 촛불용 구멍을 뚫어 놓는다면 침이 케이크에 튀는 걸 방지할 수 있을 것이다. 커버를 만들 때 바로 촛불을 끄울 수 있도록 적당한 숫자의 구멍을 얇은 막으로 만들어 놓자는 거다. 이건 정말 간단한 아이디어지만 경우에 따라선 큰 비극을 막을 수 있는 안전장치가 될 수도 있을 것이다.

jeon, yoosung talk talk talk 나도 내 아내의 아이디어를 이야기해 보겠다. 내 아내는 얼마 전 요리 프로그램에서 '오늘은 뭘 먹지' 라는 프로그램을 진행했었는데 어느날 보니까 가슴에 조그만 감자를 브로치처럼 달고 나오는 게 아닌가? 아니, 뭐 저런 브로치가 있지 하고 봤더니 그날의 주제가 감자요리였다. 깻잎이 주제인 날은 깻잎으로 브로치를, 식빵이 주제인 날은 식빵으로 브로치를 만들어서 가슴에 달고 나왔다. 아이디어를 낸 사람은 내 아내이고 브로치를 만들어온 사람은 요리 코디네이터 김경미 씨였다.

여행용 컵라면

 라면은 원래 '노면(老麵)'의 일본식 발음이라고 한다. 모르긴 몰라도 노인 분들 머리카락처럼 구불구불하고 허리처럼 굽어진 면이라는 의미가 아닌가 한다.
 라면은 이제 우리나라 사람들에게 제2의 주식이 되어버린 것 같다. 물론 하루 세 끼 라면만 먹고 살 수는 없겠지만 이틀만 안 먹어도 생각이 간절하니 말이다. 영양에 있어서도 흔히 생각하는 것과는 달리 완전식품에 가깝다고 하니 그야말로 라면만 있으면 민생안심이라고 할 만하다.
 평상시에도 그렇겠지만 여행을 떠날 때면 라면은 더욱 필수품이다. 더군다나 해외 여행이라면 속옷을 안 가져가면 안 가져갔지 라면을 잊고 갈 수는 없다. 그런데 문제는 부피다. 아무래도 여행용이라면 일반라면이 아닌 컵라면을 가지고 가야 될 텐데 컵라면의 경우 다섯 개만 넘어서도 웬만한 가방은 꽉 차버린다. 그렇다고 라면용 대형가방을 따로 들고 갈 수도 없는 노릇이다.

 '여행용 컵라면' 아이디어는 이런 심각한 컵라면의 휴대 문제를 해결하기 위한 아이디어다. 실제 컵라면의 뚜껑을 열면 내용물은 3분의 1내지 2분의 1밖에 되지 않는다. 용기의 3분의 2가 빈 공간이라는 얘기다. 이 공간을 이용해 보면 어떨까. 가령 예를 들어 다섯 개짜리 컵라면 팩을 만들 때 맨 위에 들어가는 것만 뚜껑을 만들고 그 밑 라면들은 내용물이 있는 곳까지 들어가게 만들면 될 것이다. 이렇게 만들면 부피는 굉장히 줄어들 수 있을 것이다. 그럼 맨 위 라면을 먹고 나면 나머지 용기는 어떻게 덮냐구? 슈퍼에 가서 대용량 참치캔을 사보시면 의문이 해결될 거라고 믿는다. 당장 궁금한 분들을 위해 부연설명하자면 이중덮개로 만들면 문제는 간단히 해결된다. 원래의 컵라면 뚜껑 위에 플라스틱 덮개를 하나 더 씌워놓는다는 얘기다.

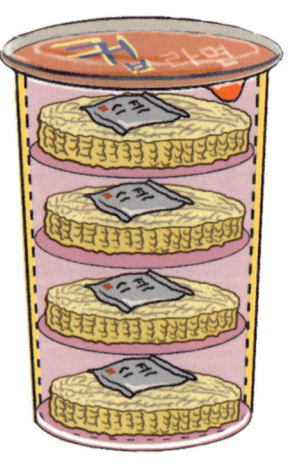

" 속이 꽉 차야
살기 편합니다

요즘 인기를 끄는 일본 만화 가운데 '못말리는 낚시광' 이라는 작품이 있다. 한 평범한 샐러리맨이 낚시를 배우게 되면서 겪게 되는 여러 가지 에피소드를 재미있게 그린 작품인데 내가 즐겨 봤던 만화 가운데 하나다. 아마 모르긴 몰라도 그 만화에 손이 가는 사람은 낚시꾼일 가능성이 농후하다. 나도 예외는 아니어서 제법 주위에서 낚시꾼 소리를 듣는다. 물론 제일의 취미이자 직업은 발명이지만 그에 버금가게 낚시를 즐긴다.

잘 나오지도 않는 아이디어를 짜내려고 용을 쓰다보면 어쩔 수 없이 쌓이게 되는 스트레스를 해소하기에 낚시만한 것이 없는 것 같다. 낚시꾼이라면 누구나 하는 진부한 얘기지만 고기가 미끼를 물었을 때 싸르르 하고 전해지는 손맛은 어디에 비할 데가 없다. 그뿐인가. 낚시로 꼬박 밤을 새우고 새벽을 맞이했을 때의 호젓함과 그 자리에서 끓여마시는 커피 한잔은 무엇과도 바꿀 수 없는 낚시꾼만이 누릴 수 있는 즐거움이다. 하지만 직업이란 게 뭔지 스트레스를 풀려고 간 낚시터에서 아이디어가 샘솟을 때도 있다. 지금 말하려는 아이디어도 바로 낚시터에서 얻게 된 것이다.

낚싯대는 중량이 굉장히 가벼워 아무리 무거운 것도 800g을 넘기는 것은 없다. 하지만 낚싯대를 뽑았을 때는 얘기가 다르다. 낚싯대 한 단의 길이가 1.8m가 되니까 세 단을 다 펼치면 5.4m가 되는 셈이다. 그렇게 되면 아무리 너끈한 800g이라고 해도 느껴지는 무게가 만만치 않게 된다. 초등학생도 알 만한 간단한 '지렛대의 원리'다. 그렇다면 해결도 지렛대의 원리를 이용해 보자. 즉 낚싯대의 손잡이 부분을 납으로 채워버리는 거다. 이렇게 되면 낚싯대의 원래 중량은 무거워지겠지만 실제 낚시를 할 때에는 훨씬 가볍게 들 수 있다.

말하자면 현재의 낚싯대는 원래는 가볍지만 실제 낚시할 때는 무거운 셈이고, 개량된 낚싯대는 원래는 무겁지만 실제로는 가볍다는 얘기가 된다. 어떤 것이 나은지는 굳이 설명하지 않아도 쉽게 알 수 있을 것이다. 손잡이 부분을 채우는 것은 굳이 납이 아니라 모래 같은 것을 이용할 수도 있겠다. 하여튼 아이디어라는 건 세상살이 곳곳에 숨어 있는 법이다.

플라스틱 낚싯대 가방

이왕 낚시 얘기가 나왔으니 하나 더 언급해야 할 것 같다. 이번엔 낚싯대 가방 이야기다. 낚시를 하기 위해 필요한 부대용품들을 넣기 위한 가방은 대개 천으로 되어 있다. 그런데 문제는 바다낚시다. 바다낚시를 해보신 분들은 알겠지만 바다낚시를 할 만한 섬은 선착장 시설이 안 된 곳이 많다. 그래서 사람이 먼저 뭍에 내린 다음 낚싯대를 뭍에 던지는 경우가 많다. 배에서 짐 내려 주시는 분들이 그걸 얌전하게 내려주실 리가 만무하다. 그냥 되는 대로 휙 던져버리는데 이렇게 되면 가방 자체도 물에 젖어버리거니와 낚싯대가 부서지기도 쉽다. 그렇다면 아예 이 가방을 플라스틱 가방으로 만들면 어떨까?

얼마 전, 모 방송국 〈성공시대〉라는 프로그램에서 골프가방을 플라스틱으로 만들어서 성공한 분의 얘기가 나온 적이 있다. 이것처럼 낚싯대 가방도 플라스틱으로 만들자는 거다.

플라스틱 낚싯대 가방의 장점은 한두 가지가 아니다. 앞에서 말한 것처럼 낚싯대가 파손되는 걸 막을 수 있는 것은 물론이고, 급할 경우 구명용으로도 사용이 가능하다. 바다낚시를 하다 보면 위험한 일들이 종종 일어난다는 사실을 염두에 둔다면 이런 긴급 구명용품이 있다는 게 나쁘지는 않을 것이다. 게다가 낚시를 위한 많은 부대 용품들을 일목요연하게 정리할 수 있다는 장점도 빼놓을 수 없겠다. 야간에 필요한 용품을 찾느라고 플래시 켜고 법석대 본 경험이 있다면, 이 말 충분히 이해할 수 있을 것이다.

굳이 앞서의 〈성공시대〉를 다시 언급하지 않아도 낚싯꾼들은 이거 돈 좀 될 수 있는 아이디어란 걸 짐작할 수 있으리라.

jeon, yoosung **talk talk talk** 내 친구는 골프가방에 시계를 달아서 돈을 벌었다. 마찬가지로 낚시가방에도 야광시계를 달아 놓으면 잘 팔리지 않을까?

돌기 파리채

이건 좀 우스꽝스럽고 실없어 보이는 아이디어지만 내가 아끼는 목록 중의 하나다. 이름하여 '돌기형 파리채'.

아무리 살충제가 발달한 요즘이라고 하지만 여름에 파리채 하나 없는 집은 없을 것이다. 더군다나 과일이나 생선을 파는 가게라면 파리채는 필수품이다. 하지만 기존의 파리채는 유용함에도 불구하고 문제가 많다. 벽이나 책상 같은 데에 앉은 파리를 잡으면 정체불명의 액체와 함께 짓눌려진 파리 시체가 그대로 붙어버리기 때문이다.

그도 그럴 수밖에 없는 것이 파리채는 수백 개의 구멍이 뚫린 평면 형태이기 때문이다. 이서 굉장히 시저분해 보이고 실제로도 지저분하다. 그냥 지저분하게 내버려둘 생각이 아니라면 일일이 화장지로 닦아내야 한다. 돌기형 파리채는 이런 치명적인 단점을 극복한 형태의 신개념 파리채다.

만약 파리가 4mm 정도 된다고 가정했을 때 파리채의 표면에 2.5mm 정도의 돌기가 있다고 가정해 보자. 목표물이 파리를 있는 힘껏 가격해도 1.5mm 정도의 여유가 있으니까 파리는 치명상을 입어도 터지진 않게 된다.

벽이나 책상이 더러워질 일도 없을 테고 초라할 망정 당당한 생명체인 파리에 대한 최소한의 예의도 갖출 수가 있다. 아닌 게 아니라 이 '예의'라는 거, 그냥 아무 생각 없이 지나쳐갈 문제가 아니다.

몇 년 전에 『인간에 대한 예의』라는 소설을 본 적이 있다. 독서를 그리 즐기지는 않지만 그 소설의 경우는 제목이 내 관심을 끌었던 것 같다. 멋진 말이다. 인간에 대한 예의. 하지만 예의를 지켜야 되는 것은 유독 인간에게만 해당되는 이야기는 아니다. 무릇 생명 있는 모든 것에는 지켜야 될 최소한의 예의가 있는 법이다. 그러나 잔인하게 파리를 죽이는 데에서 볼 수 있듯 오만하고 이기적인 인간들은 도무지 타종에 대한 예의를 지키지 못하는 것 같다. 하긴 인간에게 이런 예의를 요구하는 것 자체가 무리이긴 하다. 목적을 달성하겠다고 무고한 수천 명의 사람을 죽이는 테러를 저지르거나, 또 복수하겠다고 죄 없는 수만의 사람들을 사지로 몰아가는 게 인간이란 종자이고 보면 타종에게까지 예의를 지킨다는 건 불가능한 일일 테니까.

jeon, yoosung talk talk talk

94년 운행을 중단한 수인선 협궤열차는 폭이 아주 좁은 철로를 달리는 장난감 같은 열차이지만 여러 사람들의 추억에는 아주 낭만적인 열차로 기억되고 있다. 그런 낭만적인 열차를 기차가 없는 제주도에 만들면 어떨까?
그것도 제주도 해안선을 따라서 만든다면 정말 낭만적이지 않을까? 정동진이 유명해진 이유는 간단하다. 우리나라에서 바닷가 바로 옆에 기차 정거장이 있는 곳으로는 그곳이 유일하기 때문이다.
제주도에 협궤열차를 만든다면 제주도는 관광지로 단연 최고가 될 텐데.

〞냉장고 문에 바퀴를 달아 주세요

이 아이디어는 내 마누라가 생각해 낸 것이다. 생활 필수품인 냉장고에 관한 것이라 아마 많은 주부들이 공감할 만한 아이디어일 거라고 생각한다.

내용으로 들어가기 전에 돌발 퀴즈 하나. 냉장고에서 가장 고장이 많이 나는 부분이 어디일까? 글쎄…… 냉매 부분일까? 아니면, 전원 장치일까?

답은 '냉장고 문' 이다. 살림살이에 무신경한 남자분들은 아마 의외라고 생각할 것이다. 그런데 실제로 대부분 냉장고 문의 고장 때문에 냉장고 전체를 바꾸는 경우가 많다고 한다. 냉장고 문은 문 역할만 하는 것이 아니다. 문 자체가 이미 저장고이기 때문이다. 이 말은 냉장고 문 자체가 일정량의 하중을 감당해야 한다는 얘기가 된다. 그런데 냉장고 문은 열었을 때 바닥에서 약 4.5cm 정도 붕 뜨게 된다. 바로 이런 이유 때문에 얼마 안 가서 냉장고 문은 본체에서 어긋나게 될 수밖에 없다. 당연히 어긋난 부분에는 공기가 들어오게 되고 이 때문에 소음도 점점 커지게 된다. 가히 냉장고의 생명은 문에 있다고 해도 과언이 아니다.

이 문제를 해결하기 위한 마누라의 생각은 '문에 바퀴를 달자.' 는 것이었다. 문에 바퀴를 단다면 열 때도 훨씬 부드러울 것이고 문과 본체가 어긋나는 것도 방지해 줄 수 있을 거라는 얘기다.

 이 정도면 남편이 아닌 전문가의 입장에서 보더라도 썩 훌륭한 발명품이라는 생각이 든다. 부창부수(夫唱婦隨)란 말도 영 헛말은 아닌 모양이다.

야광 비누방울

　흔히들 스포츠는 '각본 없는 드라마'라고들 하지만 2001년 월드시리즈는 그야말로 각본 없는 드라마였다. 7차전까지 가게 된 박빙의 시소게임도 볼 만했지만 9회말, 애리조나의 기적 같은 역전승이 연출된 마지막 7차전은 아예 드라마를 넘어선 아름다운 예술이라고까지 표현될 만했다. 누구 말마따나 '우리' 애리조나가 이겼기 때문에 감동이 더했을 것이다. 함부로 말하기는 좀 그렇지만 우리 프로야구는 시시해서 못 볼 것 같다는 월드 시리즈 중후군도 한편으론 이해가 갈 정도의 명승부였다. 하지만 난 경기 자체보다도 관중들의 응원전이 더 부럽다는 생각이 들었다.

　워낙 역사가 오래된 탓이겠지만 미국 프로야구의 각 구단은 자신들만의 특화된 응원 문화를 형성하고 있다. 애틀랜타의 도끼 응원이나 애리조나의 손수건 응원, 그리고 관중들 스스로가 연출해 내는 자연스러운 파도응원은 정말 볼 만한 광경이 아니던가. 경기 수준이야 짧은 우리 야구 역사 탓으로 돌린다 치더라도 우리 응원 문화가 메이저리그에 비교해서 어떤가 생각하면 고개를 숙일 수밖에 없다.

사실 말이 나왔으니 말이지, 우리나라 프로야구 응원 문화는 문제가 많다. 천편일률적인 짝짝이 응원은 나치식 파쇼 냄새가 나는 데다가 구단마다 한결 같은 치어리더들의 방정스런 몸짓은 야구장이 아니라 마치 나이트클럽에 온 것 같은 기분이 들게 할 뿐이다. 물론 나도 쭉쭉빵빵하고 싱싱한 여자들을 보는 게 싫지는 않다. 하지만 아무리 보기 좋은 것도 제자리가 아닌 곳에 있으면 짜증나는 법이다. 귀뚜라미는 풀밭에 있어야 낭만적이지, 잠자는 방에 나타나면 징그러워 보이는 법 아닌가. 이제는 각 구단의 개성이 드러나면서도 자연스러운 새로운 응원 문화를 고민할 때가 된 듯싶다.

뭐, 말로만 불평한다면 발명가로서의 체면이 살지 않을 것 같아 나름의 아이디어를 하나 내놓자면, '야광 비누방울' 같은 응원은 어떨까. 이 아이디어를 설명하기 위해서는 앞서 '포병 넘버 원'에서도 언급했던 '케미라이트'에 대한 얘기를 한번 더 해야 할 것 같다. 야광 물질인 케미라이트는 미국에서 특허가 났던 것이었으나 이제 그 기한이 지나 지금은 세계 어디에서나 자유롭게 쓰게 된 물질이다. 예전에는 연예인들이 방송국이나 혹은 기타 행사용으로 쓰기 위해 수입할 때 개당 2,000원이 넘었지만 지금은 중국산의 경우 개당 50원이면 구입이 가능하다.

이 케미라이트 원액에다 가루비누를 섞으면 어두운 데서도 빛을 발하는 야광 비누방울이 만들어질 수 있다. 이걸 경기 응원 도구로 사용해 보자는 이야기다. 여름 밤 야간 경기에서 관중들이 불어대는 비누방울이 전광판의 빛을 받아 아름답게 날아다니는 모습을 상상해 보라. 짝짝 짝짝짝! 하는 기계 같은 짝짝이 응원보다, 입 헤벌린 아저씨 앞에서 허벅지 드러내놓고 방정떠는 치어리더의 응원보다 훨씬 개성적이고 아름답지 않을까?

물론 이 야광 비누방울은 경기 응원뿐 아니라 다른 곳에서도 많이 활용될 수 있을 것이다. 요즘 댄스 그룹들은 상징색이 하나씩 있다던데 그 색에 맞추어서 비누방울을 만들 수도 있을 것이고, 놀이공원의 야간 개장 때에도 충분히 활용 가능하지 않겠나? 이거 말하다 보니 정말 돈 될 것 같다. 발명 때려치우고 이 사업이나 한번 해봐?

〉거꾸로 감아주세요

우리나라에서는 엎어지면 코 닿는 거리마다 꼭 빠지지 않는 것이 세 가지 있다. PC방, 당구장 그리고 비디오 가게. 그만큼 우리나라 사람들이 인터넷과 당구 그리고 영화를 즐긴다는 얘기일 것이다. 실제로 개봉관에서 흥행에 성공한 영화의 경우 비디오테이프가 백만 개까지 제작된다고 한다.

백만 개! 영화 필름은 그렇다 치더라도 이 많은 개수를 만들려면 제작사로서는 즐거운 일이어서 비명깨나 질러댈 것이다. 하지만 이 비디오테이프를 만드는 사람들은 따로 있다. 제작사가 영화필름을 제공하고 주문을 하면 전문적으로 녹화해 주는 업체가 있는데 꽤 시장이 넓은 편이다.

비디오 녹화 전문업체의 경우 초기에는 가정용 비디오의 녹화방식과 똑같았다고 한다. 하지만 요즘은 샘플 테이프를 중앙 녹음 장치에 플레이시키고 수십 개 내지 수백 개의 단말장치에서 동시에 녹화하는 방식으로 작업을 한다. 더군다나 속도도 개선되어서 일반 녹화 속도보다 다섯 배 내지 여섯 배 빠른 속도의 고속녹화 작업도 가능하다. 이런 업체의 경우 시간당 몇 개를 생산할 수 있느냐에 따라 수입이 결정된다. 히트작의 경우 백만 개를 녹화해야 하는데 길 경우 몇 달 동안 작업이 진행되기도 한다.

'거꾸로 녹화기'는 이런 업체들의 녹화 장치를 개선한 아이디어다. 가령 러닝타임 120분짜리 영화를 녹화할 때 앞뒤에 광고를 넣으면 약 130분 분량이 된다. 하지만 지금의 방식은 녹화를 하고 난 후에 다시 되감기를 해야 한다. 제작 시간의 단축이 바로 수입으로 직결되는 녹화업체로서는 굉장한 시간의 손실이 아닐 수 없다. 하지만 이 거꾸로 녹화기는 중앙 녹음 장치에 넣는 샘플 테이프를 아예 거꾸로 감아서 넣는 방식의 녹화다. 그렇게 되면 수백 대의 단말장치에서 만들어지는 테이프는 녹화가 끝났을 때 다시 되감기를 할 필요 없이 그대로 포장만 하면 되는 상태로 만들어지는 것이다. 이 방식으로 테이프를 제작할 경우 작업 시간의 약 1/3이 줄어들게 된다. 더군다나 앞으로 고속녹화 기술이 발달할 것이라고 가정한다면 단축률은 1/2에 달하게 될 것이다.

단순한 역발상에 불과한 아이디어지만 이거 충분히 사업성이 있는 아이디어다. 녹화기 자체가 아무리 고가라고 하더라도 작업 시간을 단축시켜 준다면 시간이 바로 돈인 업체로서는 당연히 새로운 녹화기로 교체할 것이기 때문이다.

jeon, yoosung **talk talk talk** 가끔 4천 9백원 하는 상품값을 본 적이 있다. 5천원이면 5천원이지 4천 9백원은 뭐야? 며칠 전에 간 백반집은 메뉴 전체가 9백원으로 끝나는 집이었다. 5천원 내고 백원을 거슬러 받는 맛이 나올까, 아니면 메뉴판 가격에 5천 백원, 4천 백원이라고 써놓고 계산대에서 계산할 때 '5천원만 주세요' 하고 백원을 덜 받는 것이 기분이 좋을까?

거꾸로 달아주세요

'거꾸로 녹화기'처럼 이것 역시 역발상에 의한 아이디어다. '어항 정화기' 얘기인데 집에 수족관이나 큰 어항을 설치해 놓은 분들이 계시다면 더 주의 깊게 들어주시기 바란다. 보통 어항을 보면 밑바닥에 모터가 설치되어 있다. 그 위를 솜으로 덮어주는데 여기를 통해서 물과 산소가 정화돼서 나온다. 대부분 이걸 가리기 위해 그 위에 모래를 깐 다음 작은 자갈을 깔아놓는다. 하지만 이런 식으로 하면 몇 달 안에 굉장히 많은 불순물이 생기게 되고 또 그걸 청소하려면 장난이 아니다. 물고기 다 꺼내 놓고, 돌 건지고, 모래 꺼내고……. 하여간 귀찮기도 귀찮을 뿐더러 잘못하다가는 어항 청소하다가 다치는 일도 생긴다.

하지만 이 정화 장치를 어항의 위로 올려놓는다면 그런 문제는 현저히 줄어들 수 있다. 방법은 간단하다. 어항 위에 바구니를 하나 걸쳐놓고 거기다 솜을 놓는 것이다. 그리고 모터에는 파이프를 연결해서 정화 장치까지 올라오게 하면 된다. 정화된 물은 그냥 떨어지게 할 수도 있지만 소음 문제가 있으니까 적당히 막아서 벽을 타고 내려오게 하는 게 좋다. 이렇게 정화 장치를 위로 올려놓으면 일주일에 한 번만 가볍게 손을 보아도 어항에 이끼가 끼지 않는다. 실제로 우리 집 어항은 이런 방식으로 만들어 놓았는데 효과가 탁월하다.

이 글을 읽는 사람들 중에는 '어항 청소하는 게 뭐 대단한 일이라고 그렇게까지 하나.' 하고 생각할지 모르겠지만 업소나 은행 같은 곳에 설치된 대형 어항이나 수족관의 경우에는 상당한 비용 절감 효과를 가져올 수 있다.

대형 어항이나 수족관은 한 번 물을 가는 데만도 50만 원이 넘게 들기 때문이다. 그런 대형 수족관의 정화 장치를 위로 올려놓으면 두 달에 한 번 하는 물갈이를 여섯 달에 한 번 정도로 줄일 수 있다. 적게 잡아도 한달에 25만 원이 드는 어항 유지 비용을 8만 원까지 줄일 수 있다면 한번 바꿔봐도 괜찮지 않을까?

  미관상의 문제를 걱정하는 사람도 있겠지만 그것도 별 문제될 건 없다. 정화장치 부분에 잔디나 미나리를 심어놓으면 오히려 미적 효과가 커질 수도 있다. 하여간 관심 있으신 분들은 연락 주시라. 친절하게 설명해 드리겠다. 기꺼이!

쌍방향 윈도 브러시

오너 드라이버들은 익히 경험해봐서 알겠지만 여름에 비가 오면 아무리 좋은 차라 할지라도 차 안에 습기가 차게 된다. 티코건 벤츠건 간에.

이럴 경우 에어컨을 켜든지 창문을 열든지 해야 되는데 일단 비가 오는 상황이니까 창문은 열 수 없고 어쩔 수 없이 에어컨을 켤 수밖에 없다. 그렇지만 에어컨을 켜면 겨울이면 말할 것도 없고 아무리 여름이라 해도 밖에 비가 오면—특히 장마철이라면—만만치 않게 추울 뿐더러 에너지 효율 측면에서도 썩 좋은 방법이 아니다.

이럴 때 만약 차 안에도 윈도 브러시가 설치돼 있다면 어떨까? 창 밖에 있는 윈도 브러시를 움직이는 모터 축에 브러시를 하나 더 연결해 보자는 이야기다. 차 내에 설치할 브러시는 뿌옇게 낀 막만 한번 제거하면 되기 때문에 바깥 브러시가 50번 움직일 때 한 번 움직이도록 적당히 기어장치를 해놓으면 될 것이다. 창 밖 브러시와 동시에 움직이는 거니까 미관상으로도 크게 문제 될 것 없겠고, 정말 편하지 않을까? 만약 차 내 브러시가 달린 차와 그렇지 않은 차가 있다면 난 숨도 쉬지 않고 전자를 고르겠다. 그 정도의 세심함이라면 다른 것도 잘 만들었으리라 믿을 수 있을 테니까.

》삼각뿔 스피커

카페에 가보면 대부분 스피커를 벽에 걸어둔다. 그리고 그 모양은 거의 육면체다. 이런 형태의 스피커는 소리가 면 전체로 퍼져 나오기 때문에 아무리 여기저기 걸어놓는다 해도 소리가 모이지 않는다는 단점이 있다. 가끔 반구형의 스피커가 있긴 하지만 소리의 방향 면에서 육면체 스피커와 그리 다를 것은 없다.

하지만 삼각뿔 스피커, 그러니까 말하자면 각 벽의 모서리에 정확히 들어맞을 수 있는 형태의 스피커는 그런 소리의 분산 효과를 방지할 수 있다. 스피커의 면이 실내의 중앙으로 돌출되어 있기 때문에 소리가 중앙을 향해 나가게 되는데 그렇게 네 모서리에 있는 스피커가 모두 중앙으로 집중되면 소리는 훨씬 웅장하고 깊이 있게 들릴 것이다. 비단 카페나 업소가 아니더라도 음악을 좋아하는 사람이라면 이런 '삼각뿔 스피커'를 설치해 보자. 한층 더 향상된 음향을 즐길 수 있으리라.

인권의 향상을 위하여
-조립식 전봇대

제대하고 얼마 동안 아르바이트로 막노동 일을 한 적이 있었다. 한번은 산 속에 전봇대를 설치하는 일을 하게 되었는데 이거 정말 보통 중노동이 아니었다. 차로 올라가는 건 한계가 있고 그 다음부터는 어쩔 수 없이 사람이 지고 올라가야 되는데 무게도 무게인 데다가 길이도 길어서 보통 힘든 게 아니었다. 아니할 말로 그건 거의 인권 유린 수준에 가까운 노동이었던 것 같다. 지리산 깊은 산골짜기에도 전기는 들어온다는데 그 얘기는 거기까지 피눈물 흘려가며 전봇대를 나른 사람이 있었다는 얘기가 된다. 한 시절 관련자의 한 사람으로서 갑자기 마음이 숙연해짐을 느낀다.

'필요는 발명의 어머니' 라는 말처럼 난 그 중노동을 하면서 이 '조립식 전봇대' 를 생각해 냈다. 무조건 전봇대를 통째로 만들 것이 아니라 서너 개 정도로 분리해서 만든다면 전봇대 설치 작업은 굉장히 편해질 수 있을 것이다. 이건 비단 산 속에서의 작업에만 해당되는 이야기가 아니다. 요즘은 케이블이 모두 땅 밑으로 들어가는 추세라는데, 그 전까지만이라도 조립식 전봇대로 설치한다면 나중에 철거하는 것도 훨씬 쉽지 않을까?

지금 이 순간에도 어디에선가 전봇대 설치 작업을 하고 계실 분들께 심심한 감사와 진심에서 우러난 위로를 전한다. 우리가 전기를 맘껏 사용할 수 있는 건 8할이 그분들 덕이다.

자가발전 가로등

얼마 전에 지하철을 타고 가는데 어떤 상인이 재미있는 물건을 하나 팔러 들어왔다.

모양이나 기능은 플래시인데 건전지를 넣어서 사용하는 게 아니라 악력기처럼 손운동을 해야 불이 켜지는 플래시였다. '혁신적인 악력운동 플래시를 달랑 천원짜리 한 장 받고 판다.' 기에 주저 없이 하나 샀다. 그걸 보고 있자니 옛날 자전거가 생각났다. 기억들 나실 거다. 페달을 힘껏 밟으면 라이트에 불이 들어오는 그 자전거말이다. 다 아시다시피 요즘 나오는 자전거는 속력 문제 때문에 이런 자가발전 라이트를 아예 만들지 않는다. 옛날엔 라이트 켜놓고 내달리던 맛이 있었는데, 좀 아쉬운 생각이 들긴 한다.

하여튼 악력 운동기 플래시를 만지작거리고 있자니 아이디어 하나가 샘솟았다. 발명가에겐 이런 것 모두가 영감의 근원이 되곤 한다.

가로등이나 교차로 신호등을 이런 자가발전 방식으로 만들어 보면 어떨까. 차가 밟고 지나가는 도로의 부분에 발전장치를 만들어 놓는 거다. 뭐 비슷한 예로 태양열 가로등이 있다고 하는데 그건 개당 가격이 몇백만 원이 넘고, 장치 위에 끼는 이물질이나 먼지를 매일 청소해야 한다고 하니 배보다 배꼽이 더 큰 셈이다. 하지만 이 자가발전 방식은 태양열 장치처럼 돈이나 노력이 많이 들어가지도 않는다. 더군다나 서울의 도심처럼 자동차가 많이 다니는 지역에는 축전장치를 만들어 전기를 저장해 놓을 수도 있을 것이다.

에너지 절약에 21세기 조국의 미래가 달려 있다고 매일 떠들어대는데 말로만 그럴 것이 아니라 이렇게 변화 가능한 세세한 부분부터 실천해 나가야 하지 않을까?

목소리 변조용 인터폰

자고 나면 여기저기서 끔찍한 소식만 들려오는 무서운 세상이다. 돈 몇백에 주저 없이 사람을 죽이고 보험금을 타내기 위해 자기 남편이나 아내를 살해하는 빌어먹을 세상!—내 거친 말투를 이해해 주시길—지옥도 천국도 다 이 세상 속에 있는 법이라는데 가히 이 세상은 지옥이라 할 만하다.

그래서인지 요즘 골목길을 지나다 보면 제일 많이 눈에 띄는 게 사설 보안업체의 마크들이다. 잠금 장치도 발전에 발전을 거듭해서 '홍체 인식 자물쇠' 라든가 '지문 인식 잠금장치' 같은 SF영화에서나 보던 것들이 하나 둘 현실화되고 있다.

하지만 아무리 사설 보안업체가 있어도, 홍체 인식 자물쇠가 현실화됐어도 우리 같은 서민들에겐 그림의 떡이다. 그렇다고 강도나 도둑들이 서민들을 지나치던가. 오히려 보안 장치 안 되어 있는 만만한 집들이 표적이 될 뿐이다. 특히 이 몹쓸 범법자들은 남자 없이 여자들만 있는 집을 자주 노린다. 그래서 고민 끝에 생각해 낸 것이 '목소리 변조용 인터폰' 이다. TV 오락 프로그램에서 목소리를 웃기게 변조시키듯이 이 인터폰은 말하는 사람의 목소리를 바꿔놓는다. 가령 어린아이나 여자가 인터폰을 받아도 밖에서 들을 땐 성인 남자의 굵은 목소리가 나게 해준다는 얘기다.

하지만 아무리 이런 장치를 만들어 놓은들 날뛰는 범죄를 무슨 수로 다 막을 수 있겠는가. 근본적인 해결책은 착한 사람이 범죄자로 전락하지 않도록 사회 시스템을 변혁시키는 게 아닐런지.

세상을 바꾼 아이디어

거의 모든 발명들이 실패에서 일구어졌다고 하면 믿어질까? 하지만 사실이다. 처음부터 성공하는 사람들은 극히 드물 뿐 아니라 설령 있다 하더라도 거의 천재에 가까운 사람일 것이다.

대부분의 발명가들은 실패와 실패의 연속 속에서도 좌절하지 않고 원인을 찾고자 노력함으로써 황금 같은 발명을 만들어냈다.

실패 이야기를 하면 토마스 엘바 에디슨(1847~1931)을 빼놓을 수 없다. 그는 살아 있는 동안 1,093건의 발명을 출원 등록했다. 에디슨은 비록 많은 발명품을 만들어 냈지만 그렇게 하기위해 100배 이상의 실패와 좌절이 있었다.

그러니 우리는 그를 실패자라고 불러야 할 것이다. 성공한 횟수보다 실패한 횟수가 훨씬 많기 때문이다. 그러나 우리는 에디슨을 위대한 발명왕이라고 부른다. 그것은 그가 100배 이상의 실패보다 하나의 발명을 성취함으로써 더 값진 것을 이룩했기 때문이다.

실패를 두려워하는 사람은 결코 훌륭한 발명을 할 수 없음을 명심하자.

세제 없는 세탁기 원리, 뭘까?

'이온수만 만들면 세제 없이도 빨래 끝?'

세제 없이 물로만 빨래하는 세탁기의 효능을 둘러싸고 업계에서 뜨거운 논란이 일고 있는 가운데 이와 별도로 이의 과학적 원리에 관심이 쏠리고 있다.

당초 D전자측에 아이디어를 제공한 곳은 벤처기업 K엔터프라이즈. 이 회사 연구팀은 폐수처리에 전기분해한 이온수를 사용하는 데 착안, 이온수를 사용해 빨래를

세상을 바꾼 아이디어

해보았다. 이온수가 폐수의 유기물질을 깨끗이 제거하는 데 옷감에 묻은 때나 얼룩을 못 지울 리 있겠느냐면서도 반신반의하며 실험해 보았던 연구팀이었다. 그러나 빨래를 해본 후 뜻밖의 놀라운 세척효과를 확인하고 깜짝 놀랐다는 것이다.

이 회사의 주장에 따르면 이온수는 국제적인 공인을 받을 수 있는 수준의 강력한 세척력을 가지고 있다는 것이다. 그러면서도 꼭 집어 이온수의 어떤 성질이 옷감의 때를 없애는지는 정확히 판정할 수 없어 계속 연구중이라고 밝힌다.

연구팀이 밝힌 세탁원리의 핵심은 세탁기 안에 부착된 특수 전기 분해장치. 물에 양(+)극과 음(-)극판을 넣어 전기를 흐르게 하면 전기분해가 된다. 물이 전해질이 되도록 하기 위해 촉매제로 소다회($Naco3$)를 넣는다. 그러면 물이 $H+$와 $OH-$이온으로 분해되는데 여기서 수소는 가벼워 공기 중으로 날아가고 알칼리성인 $OH-$이온만 남는다.

여기서 물이 비누처럼 알칼리성을 띠게 되므로 세척력을 갖게 된다는 것이다. 또한 이온이 많이 생성된 물, 즉 이온수는 표면장력도 작아져 섬유에 잘 스며들어 때를 제거하는 데 도움이 된다고 한다.

물을 전기분해한 것은 산소와 수소를 얻기 위함이었던 것. 음극에는 수소과전압이 작고 내식성이 뛰어난 철이 사용되며 양극판에는 니켈이나 니켈을 도금한 철판이 사용된다. 연구팀은 전극 사이에 자체 개발한 촉매제를 겹겹이 쌓아놓고 전기 에너지를 주어 물의 기능을 바꾸어보았는데 혈액이나 초콜릿 등도 세탁이 되는 것을

세상을 바꾼 아이디어

확인하고 제품화를 결심했다는 것이다.

한 관계자는 "다른 세제처럼 의류의 오염을 '분리'하는 데 그치지 않고, 묻어 있는 오물을 '분해'하고 살균하는 작용까지 한다."고 주장했다.

그러나 경쟁사들은 "소다수를 넣으므로 엄밀히 말해 무세제 세탁기라고 볼 수 없고 환경도 세제를 넣는 것과 마찬가지로 오염된다."고 폄하하며 효능을 의문시하고 있다. 이에 대해 연구팀은 "세제나 표백제가 아니라 촉매제를 사용할 뿐이므로 혁신적인 세탁기."라고 반박하고 있다. 어느 쪽에 손을 들어줄지는 소비자들의 판단에 맡길 수밖에.

완벽한 거짓말 탐지, 멀지 않았다!

최근 거짓말 탐지기 검사 결과는 피검사자가 동의하지 않으면 재판에서 유죄를 입증하는 증거로 채택할 수 없다는 대법원 판결이 나왔다.

여기서 말하는 거짓말 탐지기는 폴리그래프(Polygraph). 혈압, 땀, 호흡 따위의 생리적 변화를 측정해 거짓말 여부를 가려내는 장치이다. 폴리그래프 조사는 1920년대부터 거의 유일무이한 거짓말 탐지기술로 사용됐지만 신뢰성에 대한 시비가 끊이지 않는다. 냉정한 거짓말쟁이가 무죄로, 신경이 예민한 결백한 사람이 유죄로 뒤바뀔 가능성이 많기 때문이다.

그러나 미국 법원에서는 폴리그래프 조사 결과를 피고측의 증거로 제시할 수 있으며 범죄 수사는 물론, 직원 채용에도 활용된다. 미국 정부는 국립연구소의 교육자

세상을 바꾼 아이디어

들에게 폴리그래프 조사를 받도록 요구하고 있다. 미국, 이스라엘, 일본의 정보기관에서 오래전부터 직원을 선발할 때 폴리그래프를 사용한 것으로 알려진다.

폴리그래프는 정서 반응에 의존하므로 엉뚱한 결과가 나올 개연성이 높다. 따라서 정서 대신 인지 과정을 이용하는 방법이 모색되었다. 대표적인 것은 1959년 미국의 데이비드 라이켄 교수가 제안한 유죄 지식 검사(Guilty Knowledge Test). 범죄를 저지른 사람은 그의 뇌 안에 범행에 관련된 정보가 저장돼 있으므로 뇌를 뒤져 유죄의 단서를 찾아내야 한다는 발상이다. 말하자면 범죄를 계획, 실행, 기억하는 것은 뇌이기 때문에 뇌 안에 유죄의 증거가 있을 수밖에 없다는 뜻이다. 문제는 뇌 안에 숨겨진 유죄 지식의 흔적을 추적하는 방법이다. 현재로서는 세 가지 기술이 주목을 받고 있다.

먼저 미국의 로렌스 파웰이 '뇌 지문감식'이라고 명명한 거짓말 탐지 기술이 가장 앞서 있다. 피검사자의 머리 위에 10여 개의 미세 전극이 내장된 장치를 씌우고 범죄 장면을 컴퓨터 화면으로 보여주면서 뇌의 반응을 검사하는 방법이다. 피검사자가 범죄를 부인하려 들고 심지어 범죄를 기억조차 하기 싫어할지라도 뇌가 주인을 배반해서 범행을 자백하게 될 것으로 기대한다.

파웰의 뇌 지문감식은 뇌파를 이용한다. 뇌는 익숙한 그림이나 글자를 지각할 때 P300이라 명명된 뇌파를 발생한다. 요컨대 이 뇌파의 존재 여부로 범인 여부를 가려낸다. 파웰은 이 연구 결과를 1991년 학술지에 발표했으나 별다른 주목을 받지 못했는데, 2001년 들어 갑자기 국제적인 관심사가 되었다. 1978년 당시 17세의 흑

세상을 바꾼 아이디어

인이 살인죄로 종신형을 살게 된 사건에 대해 20여 년이 지난 시점에서 P300 증거를 제시해 무죄를 주장했기 때문이다. 파웰은 이 흑인의 뇌가 범죄 장면에 대해서는 반응을 하지 않지만 그가 알리바이로 내세우는 음악회 관람과 관련된 문장에 강력히 반응하는 것을 보여주었다. 뇌에 저장된 유죄 지식을 탐색하는 두 번째 방법은 미국 국방부의 자금으로 하버드대 심리학자인 스티븐 코슬린이 개발하고 있는 뇌 영상기술이다. 자기공명영상(MRI)으로 뇌를 주사해 거짓말을 할 때 뇌의 여러 부위에서 일어나는 활동에 따라 진실과 거짓을 구별하는 기술이다. 아직 괄목할 만한 성과를 내지는 못했지만 거짓말 탐지 기술을 획기적으로 발전시킬 접근방법으로 기대를 모으고 있다.

세 번째 거짓말 탐지기술은 뇌 지문감식처럼 머리에 미세 전극을 사용할 필요도 없고, 자기공명영상처럼 첨단기기가 없어도 되는, 간단하지만 놀랍도록 신뢰성이 높은 방법이다. 단지 질문에 대한 반응시간을 측정해 머리 속의 유죄 지식을 판독해 낸다. 미국의 트래비스 세이머 교수는 거짓말하는 사람은 여러 차례 연습을 시켰음에도 불구하고 진실을 말하는 사람보다 2배 가까이 늦게 반응을 나타낸다는 사실을 밝혀냈다. 2001년 2월 발표된 이 방법은 퍼스널 컴퓨터만 있으면 가능한 유죄지식 검사기법이므로 높이 평가된다.

이처럼 기계로 범인의 마음을 읽어내는 기법이 출현하자 일각에서는 묵비권이 쓸모없게 될 것이라고 푸념한다. 그러나 완벽한 거짓말 탐지기술이 법정에서 증거로 채택돼 억울한 옥살이를 하는 사람이 줄어들기를 바라는 게 순리일 듯싶다. 사족 한마디. 거짓말 탐지기법이 제 아무리 발달해도 이 세상에서 거짓말쟁이는 사라지지 않을 것이다.

> 세상을 바꾼 아이디어

먹는 피임약

먹는 피임약의 역사는 그리 길지 않다. 의학계가 피임약 개발에 착수한 것이 20세기 초이며 세계 최초의 먹는 피임약이 개발된 것은 1960년. 먹는 피임약의 발명은 여성들이 질에 기구를 삽입하는 불편에서 벗어나 출산과 성생활을 실질적으로 분리할 수 있게 했다는 점에서 20세기의 가장 위대한 발명품 중 하나로 꼽히고 있다.

먹는 피임약은 여성의 몸 안에서 생리 및 임신을 가능케 하는 두 가지 호르몬인 에스트로겐과 프로게스테론을 함유, 여성의 배란 및 생리를 조절하는 약이다. 일반적으로 시중 약국에서 구입할 수 있으며 마이보라, 미니보라, 머시론, 쎄스콘 등 다양한 제품이 있다.

먹는 피임약에 대해서는 건강에 나쁘다는 인식이 있으나 피임약 개발 초기 고함량이었을 때의 문제가 저함량으로 바뀐 요즘에는 많이 개선되었고 추후 임신 등에 부정적 영향을 미치지 않는 안전한 피임방법이라는 것이 의료계의 입장이다. 먹는 피임약의 가장 흔한 부작용은 메스꺼움 등인데 이것은 임신 때와 호르몬 상태가 비슷해지기 때문이다. 의사 및 약사와의 상담을 통해 복용해야 하며 1년을 복용했을 때 실패율(임신율)은 약 3%다.

jung, hyochul 나이_28~29사이 / 직업_특수학급 교사. 여기서 잠깐! 특수학급 교사에 대해서 생소하신 분들을 위해서 찬찬히 설명해 드리겠습니다. 특수학급이란 일반학교의 일반학급에 입급된 학생 중에서 학습장애아 또는 경도 정신지체아를 교육, 지도하는 전문 교육실로 장애학생을 일반학급으로 통합하기 위한 교육장소로 특수학교처럼 독립되고 제한된 배치장면을 초월한 학급을 말합니다. 저는 거기서 아이들을 가르치는 교사랍니다. 물론 특수교육을 전공했구요 / 제일 싫어하는 것_노약자석에 번듯하게 앉아 있는 젊은이를 보는 나의 시선. 차라리 보지 말 것을······. / 아이디어는 어떻게 나오는가_이런 질문을 많이 받고는 하는데, 음······ 지금 내 상태에서 뭐가 가장 불편하고 짜증나는가? 이런 질문으로 계속 마인드맵을 펼친다.
예를 들자면 난 지금 팬티만 입고 글을 쓰는데 갑자기 내 팬티 색이 맘에 안든다. 어떻게 하면 내 맘에 꼭 들게 할 수 있지? 음······ 팬티 무늬를 매직아이로 만들면 어떨까? 빤히~ 계속 쳐다보면 가위가 보인다든가, '뭘봐' 라는 글자가 나온다든가. 이런 식으로 생각을 한다. / 꿈이 있다면_책을 또 한권 만들고 싶다. 내 생각을 담을 수 있는 책을. 지금의 꿈은 이거다. / 이 책에서 꼭 만들고 싶은 것이 있다면_어려운 질문이다. 다 웃기는(?)거라 뭘 하나 딱 꼬집어 얘기할 수도 없고 내가 쓴 것 중에 역사달력은 만들고 싶다. 내가 국사를 못했기 때문에 / 마지막으로 하고 싶은 말은_모든 사람이 조금씩 예의 바른 세상이 되도록, 가장 자그마한 예의로 인해 세상이 아름다워졌으면 좋겠다. 그리고 옆에서 글 쓸 때 예쁜사과를 더 이쁘게 깎으려다 손을 다친 나의 사랑스런 아내 효정이와 나의 억센 손가락의 힘을 참아준 키보드에게 감사한다. 그리고 애썼다, 효철아!!!

생활 아이디어 _정효철

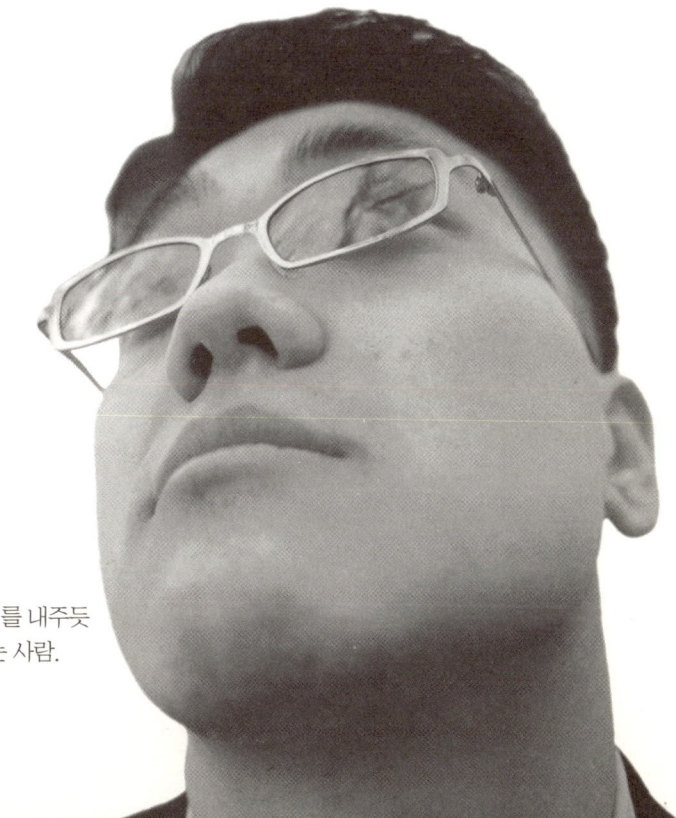

전유성이 본 정효철
특수학급 교사로서 학생들에게 매일 숙제를 내주듯
자기 자신에게 매일 아이디어 숙제를 내는 사람.

영화 홍보용 자판기

요즘 한국 영화가 잘 나간단다.
점유율이 40%가 넘는다고도 하고 잊어버릴 만하면 해외에서 무슨무슨 상을 탔다는 이야기도 들려온다. 어떤 영화가 웬만큼 뉴스에 나온다 싶으면 관객이 3백만을 훌쩍 넘는 요즘이고 보면 '스크린 쿼터제 절대 사수' 운운하는 이야기는 공연한 어거지처럼 여겨지기까지 할 정도다. 가만히 생각해 보면 우리나라는 영화가 잘될 수밖에 없는 필연성을 갖고 있는 듯도 하다. 우리나라 사람들, 이야기를 좀 좋아하는가? 가령 내 동생(여기에서 이름을 밝혀본다. 명화야, 드라마 좀 그만 봐라), 내가 보기엔 뻔한 스토리에 뻔한 결말에 불과하건만 눈물콧물 찍으며 드라마 정말 열심히 본다. 신문 TV 프로그램 편성표를 봐도 아침, 점심, 저녁 어느 시간대를 막론하고 드라마가 점령을 하고 있다. 듣자 하니, 미국이나 유럽 같은 데서는 스포츠 프로그램이나 시청자 참여 프로그램이 TV를 점령하고 있다는데, 확실히 우리나라 사람들이 드라마 같은 이야기 장르를 좋아하긴 하나 보다. 그래서인지 주위에 극장도 많이 생기고 주말마다 새로운 영화가 쏟아진다.
그런데 문제는 어떤 영화를 보느냐 하는 것이다. 《씨네 21》이나 《필름

2.0》 같은 잡지를 보면서 영화를 선택하는 사람도 있고 TV의 영화 프로그램을 보고 선택하는 사람도 있는데 나로서는 솔직히 그런 매체를 신뢰할 수가 없다. 이건 철저히 내 개인적인 생각이긴 하지만, 그런 매체에 올려지는 작품들이야 자본력이 풍부한 메이저 회사들의 홍보 공세 덕보기 쉽지 않겠나?

뭐 비난하자는 것은 아니다. 세계 어느 나라도 그런 상황이 전제되지 않은 곳은 없을 테니까. 하지만 왠지 공정한 것 같지는 않다. 그리고 설사 공정하

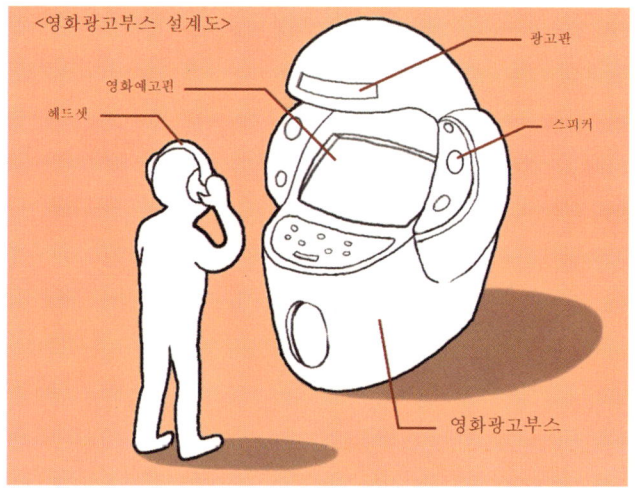

다 하더라도 남의 강요나 충고로 영화를 보고 싶지는 않다.

그래서 생각한 것이 영화관 밀집 지역에 영화 예고용 자판기를 만들자는 거다. 어차피 영화를 만든 회사니까 예고편은 기본적으로 만들었을 텐데 그걸 모두 볼 수 있는 자판기 형태의 홍보 부스를 만들자는 얘기다. 물론 브라운관과 헤드셋은 기본일 테구, 옆에는 팸플릿도 비치해 놓아야 할 것이다.

비용이야 각 회사에서 각출하면 될 것이구, 이 정도의 홍보라면 대자본이건 소자본이건 공정한 게임이 되지 않을까? 만약에 이런 부스가 생긴다면 난 TV도, 잡지도 아닌 그 부스에서 내가 볼 영화를 선택하겠다.

jeon, yoosung **talk talk talk** 영화 예고편이 필요없는 사람이라도 커피가 나오는 시간은 기다리기 마련이다. 아무 예고편이나 나오게 한 다음 재미있다, 없다 투표를 하게 하면 어떨까? 예고편이 필요한 사람이 예고편도 보고 재미있다, 없다 결과도 보고.

아이디어를 말한다

정효철_ 대부분의 사람들은 영화 예고편을 참고해서 영화를 선택하잖아요. 그런데 영화 예고편은 꼭 영화관에 가야 볼 수 있잖아요? 난 이게 좀 웃기다고 생각했어요. 영화 한 편당 우리가 볼 수 있는 예고편은 잘해야 두 편 남짓이잖아요. 많게는 한 주에 영화가 5~7편까지 개봉되는데 언제까지 평론가들의 평만 믿고 영화를 선택해야 하나요. 그래서 영화 예고편만 볼 수 있는 자판기를 한번 만들어 보자고 생각한 거지요.

김대일_ 돈 받고 파는 거예요?

정효철_ 아니죠. 어차피 영화를 찍으면 영화 예고편은 편집하게 돼 있는 거고, 영화 제작자한테 일정한 돈을 받고 영화 관객들에게 제공하는 거죠. 뭐 한 300원 정도 받을 수도 있구요.

전유성_ 그럴 게 아니라 커피 나오는 동안 커피 자판기에 설치된 모니터에 뜨게 하는 방식 같은 건 어때요?

송영욱_ 재미있을 거 같은데요. 커피를 뽑아 먹으면 영화 예고편이 뜨는 거, 이거는 될 것 같네요. 자판기 너무 심심하잖아요. 몇 명이 먹을 때면 몰라도.

김대일_ 커피 자판기에 설치하든 따로 예고편 자판기를 만들든, 좋은 생각인 것 같아요. 예고편도 팬들이 선택할 수 있다는 상징성도 있고.

김헌기_ 그런데 요즘엔 워낙 인터넷이 발달된 세상이라 그게 실효성이 있을까요?

김대일_ 근데 그게 안 그래요. 막상 영화 정보 한번 찾아 볼까 해도 그러기가 참 귀찮거든요. 그리고 불편해요. 그런데 만약 영화관 근처나 카페 같은 곳에 이런 자판기가 있으면 한번 살펴볼 맘이 생기게 돼 있거든요. 실현성 여부를 떠나서 아이디어 자체는 괜찮다고 생각해요.

" 구멍 하나만
더 만들어줘요

　사람이 제일 화가 날 때가 언제일까? 아무도 자신의 존재에 대해 신경 써주지 않을 때, 혹은 자신의 말에 귀기울여주지 않을 때가 아닐까? 더군다나 그렇게 나한테 무관심한 사람이 내가 제일 사랑하는 사람이라면 더욱 화가 날 것이다.

　나도 연애 시절 종종 소외감을 느끼곤 했다. 지금은 내 아내가 된 옛 시절의 그 아가씨는 가끔 귀에는 이어폰을 꽂은 채 워크맨을 들고 와 내 기분을 나락으로 떨어지게 했던 것이다. 내가 무언가 얘기하고자 하면 그저 음악만 들으면서 고개를 끄덕이는 그 밉살스러움이라니!
　연애 때라 그런지 난 그녀의 모든 것을 공유하고 싶었다. 그녀와 모든 걸 얘기하고 싶었고 그녀를 즐겁게 해주는 얄미운 음악까지도 나는 같이 듣고 싶었다. 하지만, 그럴 수는 없었다. 그녀의 워크맨은 이어폰 구멍이 하나뿐이었기 때문이다.

　기왕 뚫는 구멍, 하나 더 뚫으면 기계 망가지나? 반지도 커플링이 있고 티

셔츠도 커플용이 있고 심지어는 팬티마저도 커플용이 나오는데 왜 워크맨은 커플용이 없는 걸까? 내가 만약 워크맨 제조회사 개발실에 들어가게 된다면 만사 제쳐놓고 일단 커플용 워크맨부터 만들겠다. 예쁜 사랑을 만드시는 분들! 멋진 가수의 목소리보다 조금은 텁텁하지만 당신을 사랑하는 사람의 목소리가 더 달콤한 법이랍니다.

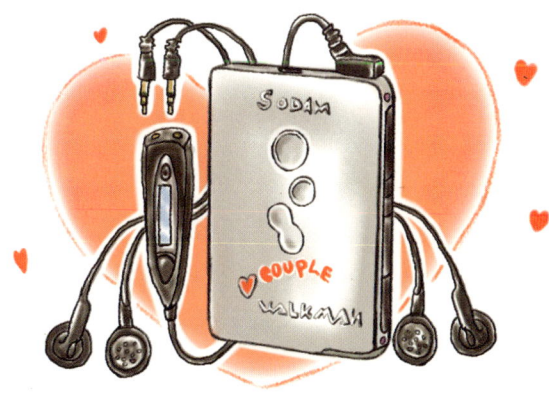

빙판길 위를 걷는 남자

　　프로필에서 이미 밝혔지만 난 초등학교 교사다. 대한민국 어느 샐러리맨이 자기 봉급에 만족하겠냐마는 초등학교 교사 월급은 정말 쥐꼬리만하다. 쥐꼬리는 너무 했고 다람쥐 꼬리만하다. 그런데 나는 자동차를 몰고 다닌다. 워낙 직장하고 집이 거리가 멀어서 울며 겨자먹기로 몰고 다닌다. 월급의 1/3을 자동차 유지비로 날리면서 말이다. 아, 말하려니 눈시울이 뜨거워진다. 참, 안 탈 수도 없고 타자니 가랑이 찢어지고……. 이놈의 자동차, 정리해? 말어? 하고 하루에 수십 번은 생각하는 것 같다. 하지만 스스로 예상컨대 이미 타기 시작한 자동차를 없애기는 쉽지 않은 것 같다.

　　돈도 돈이지만 자동차를 몰고 다니는 데 있어 애로사항이 한두 가지가 아니다. 서울 같진 않더라도 출퇴근 러시아워에 도로 막히는 것 정도 가지고는 우는 소리도 하지 않겠다. 하지만 겨울 빙판길은 정말 장난이 아니다. '무릇 사람 사는 게 살얼음판'이라는 말도 있지만 겨울 빙판길을 운전하는 내 심정이 딱 그거다. '그런 날은 지하철을 타고 가면 되잖아? 왜 그렇게 투덜거려? 라며 나를 별 수 없는 투정꾼으로 매도하신다면 좀 억울하다. 내가 사는 곳은 서울이 아닌 대천이니까.

그렇게 눈이 내리거나 도로가 얼어붙은 날이면 그렇잖아도 할일 많으신 공무원들, 총출동해서 염화나트륨 뿌리고 다니느라 바쁘다. 하지만 공무원 인원수도 한도가 있는 것이고 그분들이 그 많은 도로를 다 손볼 순 없는 법이다. 괜시리 바쁜 공무원들 동원하지 말고 이미 도로에 나와 있는 자동차를 이용해서 도로를 녹여보는 방법을 찾아보자는 말이다.

 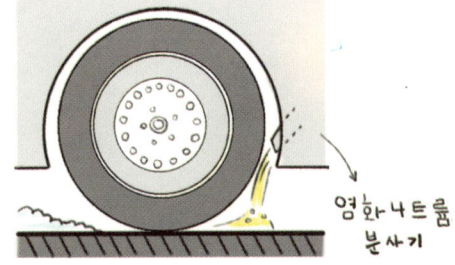

가령, 자동차 안을 따뜻하게 해주는 뜨거운 바람을 바퀴쪽으로 나오게 하는 방식은 어떨까? 그렇다고 아까운 에너지를 낭비하자는 것이 아니다. 엔진에서 자연스럽게 발생되는 열을 효율적으로 집약시키는 장치를 사용해서 그걸 도로 녹이는 데 이용해 보자는 것이다. 아니면 염화나트륨을 분사시킬 수 있는 장치를 차체 밑에 설치하는 것도 좋은 방법일 것이다. 그렇게 된다면 동사무소에서 차가 있는 가정에 염화나트륨을 미리 나눠주면 일은 일사천리, 만사 오케이일 것이다.

우리나라의 총 차량 대수가 1,200만 대가 넘는다는데 따로 공무원들 고생시키는 것은 인권 측면에서나 효율 측면에서나 별로 좋은 일 같진 않아 보여서 해본 생각이다.

〞노래 제목이 궁금하단 말예요!

　자가용으로 출퇴근을 하다 보면 라디오를 듣거나 음악을 들으며 가게 된다. 나 같은 경우, 학교에서 애들이 속썩여 우울한 날은 귀가 찢어질 것 같이 소란스러운 메탈을 듣고, 비가 부슬부슬 내려 첫사랑이라도 생각나는 멜랑콜리한 날은 조용한 재즈, 답답하고 더운 날이면 시원한 댄스 음악을 듣는다.

　그렇게 음악을 들으면서 출퇴근을 하노라면 기분도 좋아지고 교통 체증 때문에 답답한 마음도 풀리곤 한다. 음악하시는 분들, 클래식이건 대중음악이건 참 대단한 양반들이다. 창작의 극심한 고통을 딛고 나 같은 평범한 사람들의 마음을 이렇게 위로해 주니 말이다.

　그런데 이런 음악을 듣고 있으려면 오히려 답답해지는 순간이 있다. 노래 제목 말이다. 라디오나 TV 같은 데서 들어본 적은 없는데 순간 필이 꽂히는 노래가 있다. 이 노래 제목이 뭘까 하고 궁금해지기 마련인데 듣는 것만으로는 알 수가 없다. 운전하다가 일부러 테이프 케이스 꺼내서 보기도 그렇고, 또 본다 한들 몇 번째 곡인지 아리송한 경우가 많다. 가령 내가 요즘 자주 듣는 장혜진 음반을 예로 든다면, 난 이 테이프에 있는 곡을 거의 다 좋아하지만 제목 아는 곡이라고는 〈키 작은 하늘〉밖에 없다.

그래서 생각한 건데 노래 녹음할 때 곡 시작하기 전에 제목을 말해 주면 안 될까? "이건 제가 밤에 라면 끓이다가 갑자기 구상한 곡인데요, 라면을 먹으려니 옛사랑이 떠오르더라구요. 그 친구를 생각하면서 만들었어요. 제목은 〈배고픈 사랑〉이에요." 이런 식으로 말이다. 음반도 따뜻해지고 팬들과도 가까워지지 않을까?

❞ 이제
조각잠도 내 맘대로

내 인생을 되돌아 보니 뭐 그리 특별하거나 대단하지는 않았다. 그저 굴곡 없는 인생이었던 듯싶다. 특별히 출중하지도, 그렇다고 심한 말썽꾸러기도 아니었던 평범한 어린 시절을 보냈고, 역시 평범한 청소년 시절을 보냈으며, 교사가 된 지금도 평범하기는 마찬가지다. 평화로웠다면 썩 흡족하게 평화로웠던 인생이고 시시했다면 하품나게 시시한 그런 삶이다. 하지만 이런 굴곡 없는 내 인생에도 단 한 번 굉장히 곤욕스러웠던 사건이 있었다.

연애할 때 일이다. 지금의 아내가 된 여자친구와 만나기를 손꼽아 기다렸던 토요일. 난 서울로 출장을 갔었다. 금요일 밤을 출장 준비로 꼬박 세우고 다시 새벽기차로 올라갔으니 이 세상에 제일 무거운 것이 눈꺼풀이라는 말이 과연 실감이 났다. 그래도 명색이 교사가 출장을 와서 세미나에 참석을 하는데 졸 수는 없는 법. 눈을 부릅뜨고 간신히 세미나를 마쳤다.

완벽(?)하게 세미나를 마치고 그녀가 기다리는 전주로 가기 위해 기차에 피곤한 몸을 실었다. 긴장이 풀려서인지 쏟아지는 잠을 주체할 수가 없어 잠깐만 눈을 붙이고 일어나야지, 하는 생각에 의자에 머리를 기대었는데 얼마 후 구수한 전라도 사투리가 내 귀를 간지럽혔다.

"아따, 이 총각 겁나게 오래 자네. 내가 서대전부터 봤는디 여태 자고 있어야. 총각 일어나. 일어나 보랑께."

그렇다. 그곳은 여수, 오동도가 있는 여수였던 것이다. 여수라서 당황한 게 아니라 전주에서 2시간을 기다렸을 그녀의 얼굴이 떠오르자 난감했다. 자명종시계가 있었더라면 이렇게 허탈한 일은 없었을 텐데…….

참 편하지 않을까? 만약 손목시계에 자명종이 달렸다면 말이다. 사실 버스나 지하철에서 잠이 솔솔 들라치면 내려야 될 곳을 지나치게 될까봐 푹 잠들지 못한 경험들이 있지 않은가? 하지만 이런 자명종 손목시계가 있다면 적당히 시간 설정을 해서 짧은 시간이나마 마음놓고 푹 잘 수 있을 것이다.

김대중 대통령은 그 나이에도 선거유세를 하면서 토막잠으로 피로를 풀었다고 하던데, 바쁘고 피곤한 이 세상, 자명종 손목시계를 만들어서 우리도 한번 토막잠으로 피로를 풀어보면 어떨까? 벨소리도 괜찮을 것이고 핸드폰처럼 강력한 진동으로 만드는 것도 괜찮을 것이다. 요즘 같은 마이크로 시대에 기술적인 문제는 그다지 어려울 것 같지 않고 문제는 상업성일 텐데 내 생각엔 꽤 폭발적인 인기를 끌 것 같다. 이거 정말 좋은 생각 아닌가? 써놓고 나니까 새삼 감동되는데?

jeon, yoosung **talk talk talk**
멀리 한라산이 보이니 이런 생각도 해본다. 지금은 비록 죽은 화산이지만 왕년엔 불을 펑펑 뿜어내던 잘나가던(?) 화산 아니던가! 젊은날의 한라산을 일년에 한 번씩 재연해 보면 어떨까? 한마디로 화산축제를 하자는 거다. 아무 데서나 불꽃놀이(?) 쏘아대지 말고! 한라산 백록담에서 불꽃들을 쏘아올리는 거다. 관광객이 제일 없는 달에 하루 잡아서 화산축제를 벌이는 거다. 원래 축제란 사람들이 제일 적게 올 때 마련해야 하기 때문이다. 그래서 화산축제를 보러 오게끔 만드는 거다. 이탈리아 베니스의 가면축제가 관광객이 제일 없는 뼈마디 시리도록 춥고 추운 겨울에 하는 걸 보고 생각해 본 거다. 사람들이 많이 올 때만 행사를 준비하려는 생각에서 한번쯤 삐딱선을 타보는 거다.

아이디어를 말한다

정효철_ 자명종 같은 경우에는 물론, 삐삐나 핸드폰도 막상 알람을 맞추려면 핸드폰은 스케줄 관리로 들어가서 확인해야 하고, 오전, 오후도 선택해야 하니까 좀 귀찮고 복잡하죠. 하지만 손목시계를 자명종처럼 만들어 놓으면 편리하지 않겠어요? 어차피 팔목에 차는 거니까 진동으로 해놓아도 확실하고 시끄럽지도 않죠. 이런 게 있으면 버스에서 졸다가 나중에 박카스 안 먹어도 되지 않겠습니까?

송영욱_ 저도 똑같은 생각을 했었어요. 백수 시절엔 몰랐는데 직장 생활하다 보니까 정말 피곤해요. 그런데 버스에서 졸다가 한 정거장 더 가버리면 정말 내 자신이 한심스럽게 느껴지거든요. '내가 왜 이렇게 피곤하게 살아야 하나.' 하는 생각도 들고.

김대일_ 그 용도로는 안 쓰지만, 일본에서는 약을 정시에 먹을 수 있도록 하는 용도로 개발된 것이 있어요.

송영욱_ 귀 알람시계라는 것도 있다는데요. 자다가 귀에서 울리는 방식인데 특이한 건 고개가 옆으로 젖혀져도 울리는 기능이 있다는 거예요.

정효철_ 하여간, 왜 이렇게까지 살아야 되는지 회의가 드네요.

" 날 따라오세요

내가 살고 있는 곳은 대천이다. 다들 아시겠지만 대천은 해수욕장으로 유명한 곳이다.

그래서 이곳에 살다보면 여름에 제일 많이 듣게 되는 질문이 "해수욕장으로 가는 길이 어딘가요?"다. 물론 바른 생활 사나이를 자처하는 나로서는 그런 질문에 꼼꼼하고 성실하게 대답해 주는 편이다. 아니, 편이다라는 말로는 부족하다. 내 자랑 같아서 좀 간지럽긴 하지만 질문한 사람 눈빛에서 '아~ 대천 해수욕장은 그 길로 가는 거구나!' 하는 확신이 떠오를 때까지 설명해 주려고 애쓴다.

하지만 나도 사람인지라 그런 질문을 열 번이고 스무 번이고 계속해서 받다 보면 귀찮은 마음도 생기고 때로는 짜증까지도 나는 것이 사실이다. 하지만 자부하거니와 실제로 짜증을 낸 적은 단 한 번도 없다.

이런 일이 생기는 것은 아마도 대천시 내에 이정표가 제대로 갖춰져 있지 않기 때문일 테지만 이정표만으로 가야 할 곳을 쉽게 찾는 것도 쉬운 일은 아닐 뿐더러 모르는 사람한테 일일이 물어보는 것도 만만한 일은 아니다.

그렇다면 한번 이렇게 해보는 것이 어떨까? 해수욕장 쪽으로 가는 시내

버스의 뒤에다 친절하게 안내표를 달아두는 것이다.

'이 버스는 대천 해수욕장 갑니다. 길 모르시는 분들, 나를 따라오세요.'

뭐 이 정도로 말이다. 생각을 좀더 발전시켜 본다면 시(市)차원에서 자가용 운전자들한테 위 내용의 작은 푯말 같은 걸 나눠주는 거다. 그 푯말을 가지고 있다가 해수욕장에 갈 일이 있는 사람은 자동차 뒤에다 달자는 얘기다.

대천시는 해수욕장을 찾는 관광객들이 살찌워주는 도시다. 그저 '우리에게 해수욕장이 있으니 당연한 것.'이라고 안이하게 생각하지 말고 관광객들에게 어떻게 하면 도움을 줄 수 있는가를 생각해 보자. 뭐 이런 얘기는 비단 대천시에만 해당하는 이야기는 아닐 것이다.

유명한 사적지나 관광지가 있는 지방의 주민들이 이런 서비스 정신을 보여준다면 관광한국의 미래는 더욱 밝아지지 않을까? 아~ 이 마지막 멘트, 꼭 한국관광공사 공익 CF 멘트 같다.

키 좀
높여 주세요~

논란의 여지는 있지만, 분명히 내 키는 170이다.

170㎝. 키가 그리 크지 않으신 분들은 잘 알고 계실 테지만 이거 굉장히 의미 있는 숫자다. 189㎝와 190㎝는 그야말로 1㎝의 차이일 뿐이겠지만 169㎝와 170㎝는 '그저 1㎝ 차이'라며 넘어가기엔 아쉬운, 뭐랄까 한(恨) 같은 감정이 개입돼 있는 그런 숫자이다.

왠지 코끝이 아려온다. 비단 우리나라뿐이겠냐마는 요즘 사람들은 키에

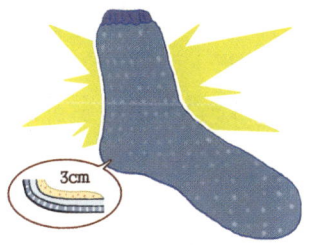

굉장히 민감한 것 같다. 워낙 쭉쭉빵빵한 연예인들이 TV를 점령하고 그들을 선망의 눈으로 바라보다 보니 더욱 그런 것일 테지만 이건 좀 심하다 싶을 정도다. 키를 크게 해준다는 청소년용 영양제에다 운동기구, 심지어는 다리를 잘라서 뼈를 덧붙이는 수술까지 있을 정도라니 말은 다한 거다.

조국 근대화의 대업(?)을 이룩했다는 박정희 전 대통령도 단신이었고, 중국을 지금의 위치로까지 이끌어 온 등소평도 150㎝를 왔다갔다하는 단신이었다고는 하나 그런 사실들이 키가 작은 나 같은 사람들에겐 그리 위로가 되지 않는다. 어차피 내가 그 사람들처럼 영웅이 될 가능성은 이미 희박하니까. 그래서 난, 평균보다 조금 적은 내 키를 보상하는 방법으로 역사에 남는 영웅이 되는 것이 아닌 키높이 구두를 신고 다니는 방법을 선택했다.

우리 마누라하고 혼담이 오고 갈 때였다. 지금의 장인, 장모님께 인사를 드리게 되었는데 아뿔싸, 만남의 장소가 신발을 벗고 들어가야 되는 한식집으로 잡힌 것 아닌가! 이거 어른들이 잡은 장소를 내 맘대로 바꿀 수도 없고 하는 수 없이 약속 장소로 가긴 했지만 키높이 구두를 벗고 방 안으로 들어가는 심정이란 딱 구름에서 떨어지는 손오공이 된 기분이었다.

약간의 웃음기와 당황스러움이 섞인 듯한(물론 내 주관적인 기분에서였지만) 두 분의 표정을 바라보며 내 마음속은 한마디 절규를 외치고 있었다.

'왜 키높이 양말은 없는 거야!!!'

물론 사려 깊은 우리 장인, 장모님은 내 키 따윈 상관없이 무지 잘해 주신다. 그렇지만 지금도 내 원망은 여전하다. 업계 관계자 여러분! 왜 키높이 구두는 만들면서 키높이 양말은 안 만드는 겁니까? 지금, 사람 놀리는 거예요?

jeon, yoosung **talk talk talk** 결혼식 날, 신부가 작은 키를 커버하려고 웨딩드레스 안에 높은 굽의 구두를 신는 것은 양가 친척들에게 신부가 최초로 저지르는 사기다.

심심한데 오목 한판 둡시다

난 기차를 좋아한다. 버스도 나쁘지 않지만, 기차가 훨씬 더 좋다. 장거리 여행에서 기차가 버스보다 좋은 이유를 대라면 적어도 다섯 가지는 댈 수 있다.

첫째, 버스는 화장실이 없는데 기차는 있다.
둘째, 버스는 일단 출발하면 돌아다닐 수 없는데 기차는 돌아다닐 수 있다.
셋째, 버스는 멀미를 하는데 기차는 멀미를 하지 않는다.
넷째, 버스는 저녁 9시면 끊기는데 기차는 24시간 운행한다.
다섯째, 음…… 아! 버스는 입이 심심해도 준비해 가지 않은 이상 참고 있어야 되는데 기차는 홍익회 아저씨들이 끊임없이 돌아다닌다.

알고 보면 기차는 많은 장점을 가지고 있는 훌륭한 교통수단이다.
그렇지만 기차도 단점은 있다. 혼자 타고 갈 경우 옆사람과 너무 서먹서먹하다는 것이다. 자는 것도 일이십 분, 길어봐야 한 시간이지 그 다음에는 여

간 난처한 게 아니다. 멍하니 창 밖만 바라보는 것도 그렇고, 그렇다고 앞만 바라보고 가는 것도 왠지 머쓱하다. 이럴 때 좌석판에 바둑판이나 장기판 같은 것이 설치되어 있다면 얼마나 좋을까?

"바둑이나 한판 두시죠?"

"좋아요, 호도과자 내기예요."

이러면 심심하지도 않고 평생 알고 지낼 일 없는 사람도 알게 되고 일석이조 아닌가. 만약에 옆사람이 바둑도, 장기도 못 두는 사람이라면? 간단하다. 바둑판과 바둑알만 있으면 즐길 수 있는 국민 오락, 오목을 두면 된다. 설마 대한민국 사람이 오목도 못 두는 사람이 있겠는가? 혹시 옆에 앉은 사람이 외국인이라면 오목을 세계에 전파할 수 있는 좋은 기회가 될 수도 있을걸!

jeon, yoosung *talk talk talk*

서울서 부산까지 가면서 앞사람이나 옆사람과 한마디도 안하고 가는 경우가 얼마나 많은가? 정말이지 삶은 달걀을 사먹고 싶어도 사먹을 수도 없고. 하긴 어떤 사람은 달걀 세 개를 혼자 물도 없이 꾸역꾸역 잘도 먹긴 하더라. 참고로 내가 얼굴이 안 알려졌을 땐 거짓말하는 재미도 있었다. 내가 회사원인 것처럼 혹은 빵기술자인 것처럼 아무말이나 막 한다. 빵에 대해서 대단한 기술자같이 꾸며서 말하기도 했다. 지금은 부산 유명한 빵집에 빵강의 하러 가는 거다 등등.
사기만 안 치면 다른 사람이 되어보는 것도 재미있었다. 지금은 얼굴이 알려져서 안 되지만! 또 지금은 비싸졌지만 서울역 앞에서 삼천 원 정도하는 조립식 장남감을 사서 조립하면서 가면 지루함도 덜 수 있었다. 오토바이, 자동차, 비행기 조립이 끝나면 부산에서 내려 제일 먼저 만난 꼬마에게 선물로 줬다.

" 너희들 한글 덜 배웠냐?
-나는 젊었거늘 서서간들 어떠하리

일이 있어 서울에 갔을 때의 일이다. 종각으로 가는 길이라 지하철을 탔는데 무슨 사람이 그렇게 많은지 이리 밀리고 저리 치이고 장난이 아니었다. 다행히 내 주위엔 주로 여자들이라 나름의 흡족함을 느끼며 가고 있는데 시선 저 너머로 노약자석이 보였다. 그런데 그 자리에 앉아 있는 건? '노약' 과는 거리가 먼 젊은 여자였다. 글쎄, 겨우 내 나이쯤 되었을까? 주위에 노인이 없었다면 눈에 거슬리긴 해도 그냥 넘어가겠는데 그 여자 앞엔 얼굴에 노약이란 글자가 선명히 새겨진 할머니 한 분이 위태위태하게 서 계신 게 아닌가? 난 살다살다 그렇게 얼굴에 철판 깐 여자는 처음 보았다. 주위 사람들 눈총 따윈 전혀 신경 안 쓰며 그나마 자는 척도 하시지 않고 아주 당당히 앉아 있는 모습이란, 순간적으로 존경심이 들 정도였으니까.

이거, 말로만 노약자석이라고 해놓으니까 발생하는 병폐다. 그 정도로는 그런 공력의 사람들한테 먹혀들어가지도 않는다. 그래도 해결 방법은 있다. 지하철 공사 관계자 분은 다음 문장부터 밑줄 그으시고 그대로 시행하시라. 일단 노약자석에는 대나무 방석을 깔아놓는다. 뭐 겨울에는 솜방석 정도

가 적당하겠다. 그리고 등받이 부분에는 원적외선 안마기를 설치해 놓고 호피무늬 커버를 덧씌워놓는 것이다. 거기에 '福'자나 '壽'자 정도를 수놓아 두면 더 바랄 것도 없겠다. 그리고 그 부분에서만 들릴 정도의 국악을 틀어 놓는 것도 옵션으로 훌륭하겠다. 뭐, 이 정도만 해놓는다면 아무리 얼굴에 철판 깐 육갑자 내공의 젊은이라도 쉽게 앉지는 못할걸?

jeon, yoosung **talk talk talk** 노약자석 앞 선반 위에 몰래카메라를 설치하여 매일 밤 9시 뉴스시간에 뉴스는 뉴스대로 내보내면서 아랫쪽에 작은 화면으로 노약자석을 생중계 한다면 노약자석에 앉는 젊은이들이 없어질걸!

아이디어를 말한다

정효철_ 제 아이디어 대부분이 그렇지만 이런 건 상품화와는 상관없는 겁니다. 이건 좀 열받아서 생각한 아이디어예요. 가끔 서울 올라와서 지하철을 타고 가다 보면 정말 싸가지 없는 사람들이 많다는 생각이 들거든요. 앉아야 할 사람은 서 있고, 서 있을 사람이 앉아 있고, 그래서 이런 방식을 생각해 본 겁니다.

김대일_ 외국에서 노약자석에 사람들이 안 앉는 이유는 특별히 그들이 예절이 바르다거나 하는 것보다는 벌금 제도가 잘 돼 있어서 그렇다는군요. 우리나라도 벌금 물리면 절대 안 앉을 것 같은데.

정효철_ 벌금화하는 것도 괜찮지만 벌금보다 이게 자발적이지 않겠어요.

송영욱_ 좋지요, 이게 되면. 여기에 또 덧붙이자면 노인 분들의 신체 사이즈가 우리랑 상당히 다르시거든요. 그러니까 노인 분에 맞는 신체 사이즈로 의자를 만드는 거예요, 지하철에. 그래서 다리가 긴 사람이 앉으면 불편하고 그리고 앉을 때 폭 들어가는 형태로 만들어가지고 짧은치마 입은 여자들이 앉으면 팬티가 다 보이도록. 그렇게 만들면 젊은 사람들이 앉겠어요?

김헌기_ 롱다리 할아버지나 미니스커트 입은 할머니는 어떡해요?

송영욱_ 그냥 웃으라고 한 얘기예요.

김헌기_ 나도 웃으라고 한 얘기예요.

정효철_ 하여튼, 좀 지킬 건 지키는 사회가 됐음 좋겠어요.

〞껌 씹는다고
입냄새 없어지겠어요?

내 아내의 핸드백 필수품 중에는 반드시 껌이 있다. 밖에서 식사라도 하는 경우, 식사 후 음식 냄새를 없애겠다는 심산일 것이다. 우리 마누라같이 구태여 껌을 가지고 다니지 않더라도 많은 식당에서 손님들이 식사하고 나갈 때 냄새 없애라고 껌을 주긴 한다. 하지만 음식 냄새가 어디 껌만으로 해결되는 문제인가? 오히려 어설프게 남은 음식 냄새에 껌 향기가 더해지면서 묘한 냄새만 나던데.

그러지 말고 식당 한켠에 생수통처럼 구강세척제를 설치해 놓으면 어떨까? 마치 생수 뽑아먹듯 식사 후 구강세척제를 뽑아서 입 안을 씻고 나면 기

분도 개운해지고 방금 먹은 음식이 더 맛있게 느껴지지 않을까? 서비스 한 답시고 껌이네, 사탕이네, 복권이네 주지 말고 그렇게 구강세척제 통을 설치해 놓는다면, 모르긴 몰라도 한 번 가본 사람이라면 반드시 다시 찾게 될 것이다.

우리나라 사람들, 하나를 보고 열을 판단하는 취향이 심해서 그 정도의 세심한 배려를 보면 식당 전체를 신뢰하게 될 것이기 때문이다. 그다지 비용이 많이 들어갈 것 같지도 않고 말이다.

이 글을 읽는 식당 사장님들, 꼭 한번 시도해 보시기 바란다. 혹 주위에 아는 식당 사장님들 있으면 그분들한테 귀띔해 주시라. 밥 한번 공짜로 대접받을지도 모를 일 아닌가.

jeon, yoosung **talk talk talk** 해볼려고 했는데 원가가 너무 비싸!

역사신문! 역사달력?

　요즈음 케이블 방송 덕분에 TV 채널 수가 엄청났다. 영화 채널, 드라마 채널, 골프 채널, 낚시 채널에 이르기까지 가히 없는 것이 없다. 하지만 리모컨으로 이리저리 채널을 돌리다보면 거의 반은 쇼핑 채널인 것 같아 조금 씁쓸하기도 하다.

　하여간 채널이 수십 개가 되던 수백 개가 되던 사람마다 항상 보는 채널은 몇 개로 정해져 있는 듯하다. 나 같은 경우엔 공중파 방송을 비롯해서 영화 채널과 바둑 채널, 그리고 YTN을 즐겨본다. 이거 간접 광고 아니냐며 돌 던지실 분 없으리라 생각한다. 기껏해야 자연인 정효철이 YTN 좀 즐겨본다고 말했기로서니 YTN 시청률이 0.01%라도 오르겠는가? 그러니까 그냥 편하게 말하련다. 뭐 그렇다고 시사문제에 대해서 민감할 정도의 관심을 가져서 보는 건 아니고 메인 프로그램 막간에 나오는 '오늘의 역사' 라는 코너를 즐겨 보는 정도다. 이 프로그램은 가령, 오늘이 2월 3일이라고 한다면 역사적으로 2월 3일에 일어난 중요한 사건들을 간단하게 정리해서 알려주는 포맷의 코너인데 꽤 쏠쏠한 재미를 준다.

　역사라는 근엄한 주제임에도 불구하고 부담스럽지 않고, 흥미 있게 하루

하루 보다 보면 의외로 축적되는 지식이 만만치 않다. 실제 학창시절을 되돌아보면 제일 외울 게 많아 짜증났던 과목이 역사였던 것 같다. 누가 언제 무슨 일을 했고 그 일이 결국 무슨 결과를 가져왔다는 식으로 한정 없이 되풀이되는 것들을 외우다 보면 머리에 쥐가 날 정도였으니까. 물론 역사 과목을 제일 좋아했던 분도 있겠지만 말이다. 그렇게 딱딱한 역사라는 소재를 가지고 나 같은 사람도 즐겨볼 정도로 만든 것을 보면 오늘의 역사라는 프로그램은 한마디로 성공한 경우라고 할 수 있겠다.

그렇다면 이 프로그램의 맥락을 이용해서 학습 부교재를 개발해 보는 것은 어떨까? 이를테면 역사달력을 만들어 보자는 말이다. 중요한 인물의 생일이나 주요 사건의 발생일에 해당하는 날짜에 그 사실을 기입해 놓은 달력을 만든다면 꽤 학습효과가 있지 않을까? '오늘이 몇일이었더라?' 하면서 달력을 보다가 '어? 몇년도의 오늘에 이런 일이 있었어?' 하는 식으로 자연스럽게 역사적 지식은 늘어날 테고 일부러 외우는 방식이 아니니까 그다지 부담도 없을 것이다. 몇년 전 『역사신문』이란 책도 꽤 히트를 쳤는데 역사달력이라고 나오지 말란 법은 없지 않은가. 중·고등학생 아이를 둔 부모라면 어차피 사야 되는 달력, 이왕이면 역사달력을 사게 되지 않을까? 비단 공부를 해야 하는 학생뿐만 아니라 일반인들도 그냥 달력보다는 이런 역사달력이 훨씬 재미있을 것이다.

오늘의 유쾌지수는 20입니다

"오늘 일기예보를 말씀드리겠습니다. 중국에서 발달한 저기압의 영향으로 중부지방에 한때 소나기가 내리겠으며 남부지방에는 무더운 한여름 날씨가 지속되겠습니다. 불쾌지수가 80을 넘는 날이 며칠째 계속되고 있는데요, 이럴 때일수록 서로서로 양보하는 마음을 가지는 것이 좋을 것 같습니다."

여름 한철 대부분의 일기예보가 이 범주에서 크게 벗어나지는 않을 것이다. 불쾌지수 80이라……. 그렇잖아도 등에 땀 줄줄 흐르고 겨드랑이에 땀띠 나서 쓰라린데 불쾌지수 운운하는 일기예보, 반갑지 않다. 사실 저 말을 구어체의 직설화법으로 바꾼다면, "오늘 무지하게 짜증나는 날이니까 서로들 싸우지 마쇼." 이런 말 아닌가? 그런데 사람들 맘이란 게 이상해서 별달리 불쾌하지도 않았는데 뉴스에서 '오늘 많이 불쾌한 날.' 이라고 그러면 괜히 불쾌해지는 법이다.

가령, 저 예보를 듣고 시내에 나갔다 치자. 걸어가는데 누가 툭 하고 어깨를 치고 지나간다. 평소 같으면 그냥 한번 쓱 보고 "죄송합니다." 하고 지나칠 텐데 'TV에서 오늘 불쾌한 날이랬지. 어, 이거 그냥 넘어갈 수 없잖아.' 하는 생각에 "야, 너 이리 와. 이 자식이 그렇잖아도 불쾌한 이 형님 심사를 건드려?" 하고 싸우게 되진 않을까?

세상사라는 것은 동전의 양면과도 같은 것이라는데 굳이 네거티브한 면을 드러낼 필요가 뭐가 있을까. 불쾌지수가 80이라면 유쾌지수는 20이라는 말 아닌가? 기왕이면 다홍치마랬다고 "오늘은 유쾌지수가 20이 되겠습니다." 하는 것이 듣기도 좋고 마음도 상쾌할 것 아니겠는가, 이 말이다. 글쎄 내 얘기가 그렇게 엉뚱하게 들리지 않는다면 내년 여름부터는 이런 일기예보를 듣게 되길 희망한다.

"오늘 날씨는 무덥지만 그래도 유쾌지수는 20입니다. 좀더 밝은 모습과 마음으로 무더운 여름을 이겨내는 슬기로운 시청자 여러분 되시길 바랍니다."

아이디어를 말한다

정효철_ 여름에 일기예보에서 불쾌지수 얘기 많이 하잖아요. 전 그걸 바꿔봤으면 하고 생각해 봤어요. 긍정적으로 생각하면 정말 인생이 긍정적으로 바뀐다는 얘기도 있는데 구태여 짜증나는 여름날에 불쾌, 짜증 운운할 건 없잖아요.

송영욱_ 일본 스타일이네요. 듣자 하니 그쪽에선 가끔 '비온다.' 는 얘기를 '대부분 해가 뜬다.' 고 표현한다죠?

정효철_ 일본 스타일이라니 과히 기분은 좋지 않네요.

김대일_ 좋은 건 배워야죠. 많이 바뀌긴 했지만 아직 우리나라 기상 예보 방송은 재미가 없는 것 같아요. 좀 가벼워 보일 수도 있겠지만 각종 그래픽 디자인으로 재미있고 유머러스하게 만들 수 있을 것 같은데.

김헌기_ 그러니까 언뜻 생각이 나는데 우리나라 유명 기상 통보관이 하루는 "오늘 한두 차례 비가 오겠습니다." 했는데 비가 세 번에 걸쳐서 왔대요. 그래서 항의전화한 어떤 시민하고 대판 싸웠다나 어쨌다나……

김대일_ 가뜩이나 무거운 소식 많은 뉴스 프로그램인데 날씨 이야기만이라도 좀더 재미있게 만들었으면 좋겠어요.

정효철_ 웬만하면 긍정적인 생각으로 살자는 차원에서 생각해 본 아이디업니다.

″야광 전선 위의 참새

어떤 발명가의 증언에 의하면 요즘 서울의 일부 지역에는 전신주도, 전선도 땅 속으로 들어가는 추세라는데 내가 사는 곳이 지방인지라 아직 전선 없는 동네를 바라기에는 요원한 듯하다. 그런데 이 전선줄들 한번 신경 쓰고 바라보기 시작하면 누구 말마따나 정말 보기 싫다. 쭉쭉 늘어진 수십 가닥의 전깃줄들이 차지한 하늘은 맑아봐야 전선줄 위의 하늘이고 전신주로 받쳐진 쟁반일 뿐이다. 그렇다고 이 전신주하고 전선줄들을 하루 아침에 땅 밑으로 깔아달라고 당국에 요구하는 건 민주주의를 빙자한 협박일 것임은 분명하다.

아무리 우리나라가 OECD 가입국이라고는 해도, 남아도는 돈 주체 못하는 선진국은 아니지 않는가. 그렇다고 이 진상들을 그냥 두고만 보기에는 말 그대로 진상이다. 당장에 없앨 수도 없고 그렇다고 두고 보기엔 짜증나고. 이런 진퇴양난의 상황에 아이디어라는 것이 절실하게 필요한 게 아니겠는가. 가령, 광고의 원리를 한번 응용해 보자. 난 광고 전공도 아니고 광고회사에서 일해 본 경험이 있는 것도 아니지만 어디선가 이런 말을 들은 기억은 난다. '진정한 광고는 상품의 단점을 오히려 장점으로 승화시키는 것.' 그럴 듯한 말 아닌가? 내가 응용해 보자는 광고 원리가 바로 이거다.

우리 시야를 갈라놓는 저 전선줄들을 오히려 아름다운 그 무엇으로 바꾸어 보자는 이야기다. 이를테면 전선줄의 까만 피혁을 야광으로 바꿔 보자. 그 나름대로의 기능성은 그대로 살려두면서 그 위에 야광물질을 덧칠해 놓는 거다. 멋지지 않을까? 대낮에는 그저 전선줄일 뿐이겠지만 대신 그리 눈에 띄지 않을 것이다. 야광이기에 날이 어두워지면 그 빛을 발하면서 나름대로 아름다운 야경을 연출해 낼 것이다. 요즘은 도시의 야경도 관광 상품이 되는 세상인데 우리나라만의 특색 있는 밤풍경으로 자리잡을 수 있을 거란 생각도 들고.

어쩌면 한창 열애에 빠진 청춘남녀 참새들이 그 멋진 모습에 매료되서 밤잠을 잊고 전선 위로 데이트를 즐기러 나올지도 모를 일이다.

야광 안전벨트

옛날이나 요즘이나 수업시간에 도시락 까먹는 학생들은 여전히 존재한다. 학교 선생인 나도 예전에 그랬었고 요즘엔 그런 놈들을 잡고 있으니까. 내가 생각하기엔 우리 민족의 발전과 더불어 이 전통도 계속 이어질 듯싶다. 22세기, 23세기에도 여전히 쭈욱~.

하여간 수업시간에 도시락 까먹다가 선생님하고 눈 마주치신 분들은 그 특유의 기분 다 아실 거다. '뭐야, 이거! 내가 걸린 거야, 아니야? 이거 자백해야 되나? 모른 척하고 있어도 되나?' 선생님은 그저 나를 사랑스럽게 바라보시는 것임에도 불구하고 그런 선생님을 뻘쭘하게 쳐다보고 있어야 되는 당혹스러움.

그런데 난 요즘도 그런 당혹스러움을 느낄 때가 많다. 교통 경찰관들과 눈이 마주치는 순간, 바로 그때이다. 다들 아시다시피 안전벨트의 생활화를 모토로 요즘 대대적인 단속이 진행되고 있지 않은가. 차 지나갈 때마다 안쪽을 기웃거리며 바라보는 경찰관들하고 눈이 마주쳤을 때의 알 수 없는 민망함이란. 괜히 내가 죄지은 것 같기도 하고 옛날에 무사히 넘어간 비행이 문득 떠오르기도 하고, 결코 상쾌한 기분은 아니다. 하긴 교통 경찰관들도 귀찮기는 마찬가지일 것이다. 그렇잖아도 잘 보이지도 않는 차 내부를 기웃거리면서 딱지를 떼야 하는 그 심정인들 좋을 리는 없지 않은가?

이럴 바엔 안전벨트를 아예 야광으로 만들어 버리자. 한낮에는 별 효과가 없을지라도 날이 어둑어둑해지기 시작하면 착용여부를 바로 판단할 수 있지 않을까? 그렇게 된다면 사람의 심리상, 아무래도 안전벨트 착용률도 훨씬 높아질 것임에 분명하다.

이 이야기를 써놓고 꽤나 좋은 아이니어 같아서 발명품 대회에 나갔었다. 나름대로 자신이 있었기 때문에 어떻게 만들 것인지까지 구상하고 있었는데…… 면접 때의 일이다.

심사관 : 야광 안전벨트요?
나 : 네, 경찰관이 멀리서도 확인할 수 있고, 편하잖아요. 운전자들도 심리적 부담감을 덜 수 있을 테구요.

심사관 : 별로인데…….

나 : 생명을 살릴 수 있는 장치니까 그 정도는 되어야 약간의 강제성을 띨 수 있지 않을까요?

심사관 : 우리나라 국민성에 이런 걸 하려고 할까요? 사람들 국민성이 얼마나 안 좋은데, <u>흐흐흐</u>.

나 : 아니, 국민성을 너무 우습게 보는 것 아닌가요?

예상대로 떨어졌다. 떨어진 게 화나는 게 아니라 우리 스스로를 무시하는 심사관을 만났다는 사실이 더 화가 났다.

효철 떡볶이

대한민국은 원조의 제국이다. 우리가 가난한 나라를 그렇게 많이 도와준다고? 우리나라 못된 어른들이 원조교제를 하도 많이 해대서 그러냐구? 물론 다 아니다. 하지만 분명 대한민국은 원조의 제국이다. 궁금하시면 내일 점심시간에 회사 근처 식당가에 한번 가 보시라.

'원조 할매 곰탕집', '원조 궁중 순대', '원조 명동 칼국수', '원조 신당동 떡볶이집' 기타 등등. 어떤가, 이 정도면 가히 원조의 제국이라 해도 손색이 없지 않은가?

하여간 웬만한 식당이 모두 원조 아니면 소문난 곳이라 해도 과언은 아니다. 모두 거짓말쟁이들이다. 아니 한 품목당 한 집 빼놓고는 다 거짓말쟁이늘이다. 말로만 매일 그럴 것이 아니라 좀 정직해지자. 맛이 중요하지 원조인지가 아닌지가 뭐가 그렇게 중요한가. 사람들은 전통있는 집도 좋아하겠지만 맛있고 정직한 집은 더 좋아할 것이라고 난 믿는다. 가령 이런 식당처럼 말이다.

'원조 신당동 떡볶이집에서 비법 배운 효철 떡볶이!!'

나 같으면 흔한 원조집보다는 정직한 저 효철 떡볶이집에 주저 없이 들어가겠다. 원조집에서 배울 정도의 열성이면 분명 원조보다 더 맛있게 만들었을 것이고 기왕이면 정직한 사람 음식 먹어주는 게 기분도 좋을 테니까 말이다. 가만 보면 우리나라는 정치인들만 문제가 아니다. 어디 거짓말은 정치인들만 하나? 자기 자신도 정직하지 못한 사람들이 누굴 욕할 수 있겠나.
용장 밑에 약졸 없다고 정직한 국민 밑에 정직한 정치인 있는 법이다.

jeon, yoosung **talk talk talk**
지방에 가게 된다면 싸고 맛있는 집은 운전기사에게, 돈은 좀 들더라도 맛있는 집은 약국 젊은 아저씨에게, 저마다 원조라고 써 있는 집은 나이 드신 분들에게 물어보시라, 진짜 원조를 찾을 수 있다.
전국 어딜 가나 할머니 식당은 있는데 할아버지 식당은 왜 없을까? 할아버지 구둣방은 있는데 할머니 구둣방은 왜 없을까? 이모집은 많은데 외삼촌집은 왜 없을까?

업그레이드 선풍기

　봄, 여름, 가을, 겨울 사계절이 모두 있는 우리나라는 축복받은 나라다. 각 계절마다에는 모두 그 나름의 운치가 있는 법이고 우리들은 사계절의 운치를 모두 즐길 수 있으니 이 어찌 축복이 아니겠는가. 봄에는 꽃구경하고, 여름에는 운동하면서 땀도 흘려 보고, 가을에는 레인코트라도 입고 센치함을 즐길 수도 있다. 또 겨울은 흰 눈의 낭만을 만끽하거나 눈썰매, 스키 같은 스포츠를 즐길 수도 있다. 대만 사람들은 눈 구경하러 일부러 우리나라로 관광 온다고 하지 않는가. 이러니 마냥 무더운 여름이거나 내내 추운 겨울인 나라에 태어나지 않은 것을 축복이라고 해도 무리는 아니다.

　난 사계절을 모두 좋아하시만 어렸을 적부터 유난히 겨울을 좋아했다. 눈을 좋아했던 탓도 있겠지만 몸에 열이 많은 편이라 추운 것을 차라리 선호했던 것 같다. 집 없이 지하철과 역 대합실을 떠도는 노숙자 분들은 예외겠지만 사실 추위는 더위보다 해결하기가 쉽다. 그저 뜨끈한 집 안으로 들어가서 이불 푹 뒤집어쓰고 있으면 만사 오케이니까.

　하지만 더위는 얘기가 다르다. 어디 피할 곳이 없다. 밖에 있으나 집에 있으나 더운 것은 마찬가지고 샤워를 한다 해도 그때뿐이다. 일하고 있을 때는 에어컨을 틀어주지만 냉방병도 조심해야 하고 비싼 전기료 때문에 항상 켜둘 수는 없다. 더군다나 집에 오면 그저 선풍기에 의지할 수밖에 없다. 하지만 선풍기는 굉장히 심각한 결함을 가지고 있다. 가족들이 둘러앉아 선풍기를 쐬려면 어쩔 수 없이 회전을 시켜야 되는데 각도가 맘대로다. 우리 집은 나하고 아내 딱 두 사람만 사는데 선풍기 각도가 하도 커서 쓸데없는 공간에 바람이 간다. 바람따라 이리저리 몸 움직이다 보면 도리어 땀이 날 판이다.

선풍기 회전 각도를 조절할 수 있는 장치는 설치될 수 없는 걸까? 정확한 각도 조절은 불가능하더라도 회전 모드에 2인용, 3인용, 4인용 하는 식으로 회전각도 선택이 가능하다면 효율은 극대화될 수 있을 텐데.

선풍기는 많은 장점을 가지고 있는 기계다. 에어컨 바람을 쐬는 것보다 건강에도 좋고 에너지 절약 차원에서도 효율적이다. 그래서 나라에서도 선풍기 사용을 많이 권장한다. 하지만 말로만 그럴 것이 아니라 이런 장치를 자꾸 개발해서 성능을 업그레이드시킨다면 자연스럽게 선풍기 수요는 늘어나게 될 것이다. 예쁜 것도 좋지만 성능에도 좀더 신경 쓰자는 얘기다.

jeon, yoosung *talk talk talk*   선풍기 이름을 바람둥이라고 지으면 어떨까?
"싸모님, 집에 바람둥이 한 마리 키워보시죠?"

열녀(烈女) 문화 축제

사실 난 좀 보수적이다. '보수'라는 말이 요즘은 함부로 쓰이는 모양인데 진정한 보수의 의미는 '옛부터 내려오는 아름다운 가치를 지키기 위해 애쓰는 것.'이란다. 이런 면에서 난 기꺼이 보수주의자이고 싶다. 남에게만 가치를 지키라고 강요하는 보수가 아닌 나 스스로 지키려고 애쓰는 진정한 보수주의자말이다. 특히 난 사랑에 관하여 보수적이다. 여전히 진정한 사랑은 하나뿐이라고 생각하고 자유로운 연애행각을 하는 사람들을 보면 얼굴이 찌푸려진다. 길거리에 아무리 예쁜 여자가 지나가도 집에 있는 마누라 생각해서 웬만하면 외면하려고 애쓴다. 정말이다.

아닌 게 아니라 요즘 젊은 사람들은 너무 사랑을 가볍게 여긴다. 남자나 여자나 너무 쉽게 허락하고 쉽게 사랑하고 쉽게 잊어버린다. 설레임이나 떨림 같은 단어들은 이젠 사전에만 있는 죽은 단어가 되었고 여기저기에서 비릿한 정액 냄새만 진동할 뿐이다. 어떻게 이렇게까지 돼버렸을까? 사랑은 끊임없이 노력하고 지켜가는 것이라는 오래된 가치가 촌스러운 것으로 치부돼버렸기 때문은 아닐까? 요즘의 사랑 풍속도가 문제 있는 것이라고 느껴진다면 비록 옛것일지라도 아름답다고 생각되는 가치를 다시 회복시키려는 노력이 필요할 것이다.

가령, 세계 각국의 정절설화의 주인공들을 모아 춘향이의 고향 남원에서 '열녀 문화 축제' 같은 것을 열어보는 것은 어떨까? '고추 아가씨' 나 '사과 아가씨' 보다는 '미스 열녀' 가 멋질 것 같다. 설령 작은 축제가 된다 해도 세계인의 축제라고 한다면 의미는 있을 것이다. 물론 이것으로만 그친다면 여자들에게만 정조를 강요하는 마초 취급을 당할 테니까 적당한 설화를 찾아내서 '열남 문화 축제' 도 같이 열어야 할 것이다.

정절은 여자들만의 전유물이 아니다. 남자도 지킬 것은 지킬 줄 알아야 한다. 사랑이란 한 사람만의 일방적인 노력으로 지켜지는 건 아니니까.

"째려보면 조용해지는 핸드폰

　핸드폰을 처음 장만했을 때는 지하철에서 쓰기가 얼마나 민망했던지. 요즘 아이들은 그 기분 잘 모를 거다. 벨이 울린다 치면 허둥지둥 주머니에서 핸드폰을 꺼내고 괜히 머쓱한 얼굴이 되어 기어들어가는 목소리로 통화했었다. 그런데 요즘도 가끔 이럴 때가 있다. 부인과 오랜만에 극장에 갔는데 미처 진동으로 바꿔놓는 걸 잊어버렸을 때, 교무실에서 교장선생님 열 내고 계시는데 주책없이 벨 울릴 때, 상가집에 가서 "얼마나 상심이 크십니까?" 하는데 '니나노' 하고 풍악을 울릴 때 기타 등등.

　그런데 이상하게 그린 상황에서는 핸드폰이 잘 꺼내지지 않는다. 사람들의 찌푸린 시선은 집중되는데 핸드폰은 아랑곳없이 칠랄레팔랄레 울려대고 주머니에서 좀처럼 빠지지는 않고, 여간 곤란한 게 아니다. 식은땀이 등줄기에 쫙 흐르는 기분이다. 이런 때 핸드폰을 한 대 때려주면 벨소리가 멈추는 기능이 있다면 얼마나 좋겠나. "어허! 이 자식 조용히 안 해? 어느 안전이라고 시끄럽게 하는 게야?" 하면 "예, 죄송함다." 하면서 알아서 찌그러지는 핸드폰말이다. 이거야말로 인공지능 핸드폰이 아닐까.

궁시렁댑시다, 1탄
-주민은 주민세 내면, 국민은 국민세 내나?

얼마 전인가 점심을 먹으러 집에 들렸는데 주민세 통지서가 날라와 있었다. 4,000원을 내라는데 그것도 안 내면 차압 들어온단다. 분명히 내 월급에서 주민세 떼어갔고 내 아내 월급에서도 주민세 떼갔는데 좀 황당하다.

그리고 난 이게 도대체 왜 내야 되는 세금인지 도통 알 수가 없다. 전기세는 전기 쓴다고 내는 거고, 수도세는 수돗물 쓴다고 내는 거겠지. 말하려고 하면 불만이 없겠냐만 그건 그렇다 치자. 그럼 주민세는 도대체 왜 내야 되는 건가? 이 도시의 주민이니까 길거리 걸어다녔을 것은 분명하고, 걸어다닌 값으로 내는 세금인가? 주민세라는 걸 내야 된다면 난 대한민국 국민이기도 하니까 국민세도 내야 되겠네? 세금 안 내겠다고 우기자는 게 아니다. 도대체 무슨 명목으로, 어디에 쓸 목적으로 걷는 것인지 정도는 알려줘야 되는 것 아닌가.

비단 주민세뿐만이 아니다. 지방 교육세라는 것이 또 있다. 학생들은 분기마다 꼬박꼬박 수업료를 낸다. 차는 그냥 타고 다니나? 스쿨버스 요금 빼먹지 않고 낸다. 그럼 점심이라도 공짜로 주나? 급식비 칼같이 낸다. 지방 교육세라는 건 대체 무엇에 쓰는 세금인고? 신문사들이야 몇백억씩 탈세하고도 떳떳하게 산다지만 우리들은 꼬박꼬박 세금 잘내고 있지 않나. 그 정도는 알려줘야 억울하지 않을 것 같다.

자꾸 궁시렁대야 세상이 바뀝니다.

jeon, yoosung *talk talk talk*

세금은 누가 내는가? 호구들이 낸다. 맞는 말이다. 우리는 세금을 안 내면 안 된다. 걸린다. 작살난다. 피본다. 벌금문다. 잡혀간다. 세금 잘못 쓴 책임은 아무도 안 진다. 책임지면 호구다.

나는 말이지요, 세금 내는 사람으로 한마디만 하겠슴다. 우리가 내는 세금 10%는 내는 사람이 맘대로 쓸 곳을 지정해 주고 싶슴다. 어차피 내가 내는 세금 어디에 쓰이는지 모르는데 10%라도 알고 싶슴다. 자동차 길 넓히는 데 써라, 보건복지부에 이주일 선배가 폐암이라는데 이번 세금은 폐암치료 연구에 써달라. 이런 식으로 지정을 해주고 싶슴다.

국민들이 많이 지정하는 곳이 국민들에게 필요로 하는 것 아니겠슴까? 그래야 각 부처에서 국민들에게 머리숙여 세금 내실 때 10%를 우리에게 보내달라고 머리를 조아릴 것 아니겠슴까?

'국민 여러분 제발 부탁입니다. 우리 부서도 열심히 국민들을 위하여 일하겠슴니다. 제발 도와주십쇼. 머리 숙여 부탁드립니다. 에이, 더러워서, 그래도 그나마 들어온 세금, 한푼이라도 아껴서 써야지' 하는 세상! 좋은 세상!

"궁시렁댑시다, 2탄
-너희들
지금 누구 놀리냐?

얼마 전 서울에 갔다가 서울역에서 장애인들이 서명운동을 하고 있는 것을 봤다. '이동권'이란 것을 요구하는 내용이었다. 우리나라도 이제 많이 개선되고 있다고는 하지만 아직도 장애인 복지 문제는 열악하기만 하다. 가령 장애인 등록증이란 걸 보자. 이걸 가지고 있으면 누릴 수 있는 혜택이 몇 가지 있다. LPG 차량 소유가 허용된다든지, 고속도로 통행료나 기차표가 50% 할인 된다든지 하는 것들인데 목록만 보면 그럴 듯하다. 하지만 알고 보면 빛 좋은 개살구다.

예를 들어 등록증을 교부받은 장애인이 기차표를 예매하려면 인터넷으로는 안 되고 등록증을 가지고 역에 가서 확인 절차를 거치고 예약해야 한단다. 이거 사람 놀리는 거다. 일반인들은 인터넷 예매가 되는데 장애인이 안 된다니 그야말로 언어도단 아닌가? 요즘 웬만한 기관들은 신상 정보가 모두 전산화돼 있으니, 분명히 국가에서 인정하는 장애인들의 신상 정보도 전산화되어 있을 것이다. 등록증에 고유 넘버가 있을 것은 말할 나위도 없을 테고. 도대체 왜 인터넷 예매가 불가능한 것인지 난 알 수가 없다. 그러니 사람

놀리는 혜택이라고 할 밖에.

장애인의 비율이 10%를 상회한다고 한다. 하루 빨리 장애인 복지 정책이 자리를 잡아서 누구나 살기 좋은 우리나라가 되기를 바란다.

자꾸 궁시렁대야 좋은 세상이 온다니까요!

jeon, yoosung talk talk talk

체인점모집 광고를 보고 있노라면 어처구니없는 문구를 발견할 때가 있다. 광고에는 처음 체인점 사업을 하려는 사람들에게 잘 보이려는 속셈으로 '마진이 많습니다.' 라는 말을 많이 사용하는데, 마진이 많다는 이야기는 소비자 입장에서 보면 원가는 적은데 이익금이 많으니까 소비자가 바가지를 쓴다는 느낌이 절로 들게 하는 문구이다. 마진이 많다는 이야기를 체인점을 문의해오는 사람에게 전화상으로 말하든지 직접 만나서 할 것이지 그걸 신문광고에 싣는다는 건 말도 안 되는 소리입니다요!!!

"궁시렁댑시다, 3탄
-우린 관심 없다니까!

　보람찬 일과를 마치고 아내랑 다정하게 누워서 테레비—참 정감있는 단어다—를 보고 있었다. 무슨무슨 통신인지 어떤 밤의 무슨 연예인지, 하여간 연예 정보 프로그램이었는데 한고은이라는 탤런트하고 god의 박준형이라는 가수하고 공항에서 나오는 장면을 독점이라며 신나게 보도하고 있었다.

　"여보 마누라, 쟤들 왜 저래?"
　"아이 영감, 내가 알게 뭐야."

　이런 시시껄렁한 대화를 나누며 TV를 끄고 자려는데 프로그램의 진행자라는 사람의 멘트에 그만 기가 막혀버린다.
　"시청자 여러분들과 팬들이 저들을 지켜주셔야 사랑은 계속됩니다. 지나친 간섭이나 확인되지 않은 소문은 자제해 주셨으면 합니다."
　기가 막힌 소리다. 우린 그 사람들이 사랑을 하건, 밀월여행을 다녀오건 정말 관심 없다. 지나친 간섭을 하는 건 우리가 아니라 TV 방송국이고, 확인되지 않은 소문을 퍼뜨리는 건 신문사다. 우리가 아니다. 왜 우리한테 혐의를 뒤집어씌우는 것인지? 사랑하고 있다는 그 사람들 뒷모습이라도 찍으려고 공항에서 죽치고 난리 떠는 것은 자신이 진행하고 있는 그 프로그램이란 걸 왜 깨닫지 못하고 있는지 답답한 노릇이다.

대다수의 사람들이 시청하기 때문에 저런 연예 정보 프로그램들이 난립하는 것이겠지만 당신네들이야말로 좀 자제해 줬으면 좋겠다. 머리 좋고 돈 많은 방송국 사람들, 맘만 먹으면 충분히 좋은 프로그램 만들 수 있는 사람들 아닌가. 좀더 노력해 줬으면 좋겠다. 너무 시청률에만 집착하지 말고 말이다.

광고 아이디어
-나이야 가라

　언젠가 친구 집을 방문하게 되었는데 못 보던 아파트가 있었다. 이름하여 '나이아가라' 아파트. 그 아파트를 보는데 문득 재미있는 광고 아이디어가 떠올랐다. 혹시 제약회사 관계자 분이 이 글을 읽으신다면 기꺼이 가져다 쓰셔도 좋다.

　설명하자면 이렇다. 할머니, 할아버지 몇 분이 효도 관광으로 미국 여행을 가시게 된다. 미국에서 이분들은 세계적으로 유명한 '나이아가라' 폭포를 구경하려고 하시는데 올라가는 길이 만만치 않다. 올라가시다가 할아버지의 무릎이 삐끗, 옆에 있는 할머니는 허리가 삐끗하면서 괴로워 하신다. 옆에 있던 다른 할아버지가 파스를 붙인 자신의 무릎을 보여주자 괴로워하시던 할머니, 할아버지의 얼굴이 환해진다. 결국 모두 파스를 붙이시고 날 듯이 나이아가라 폭포 관망대로 올라가시는 모습. 마지막 화면은 노인분들이 시원한 폭포수를 바라보면서 힘차게 소리치는 것으로 끝난다.
　"나이야! 가라!"

jeon, yoosung **talk talk talk**

2001년 11월에 코미디만 전문으로 하는 극단을 만들기로 하고 단원들을 뽑았다. 특별히 시험을 본 적은 없고 '코미디 하고 싶은 사람 100명 선착순 모집'이라고 광고를 냈다. 약 80여 명이 지원을 했고 교육이 시작되었다. 자연도태 되어서 떨어져나간 사람들도 있고 텔레비전 개그맨 콘테스트에 시험보러가느라고 그만둔 사람도 있었다.(한명도 콘테스트에 통과하지 못한 건 당연한 결과지요). 고된 훈련에도 잘 버티고 있는 단원들이 지금은 삼십여 명이 채 안 된다. 고된 훈련이란 다른 게 아니고 강원, 충청, 전라, 경상, 서울 근교를 10일 동안 돌아다니며 5인 이상 모인 곳에서 200번의 거리공연을 하고 오는 1차 중간시험을 말하는 것이다. 1차 중간고사를 치룬 단원들은 강철 같은 의지로 똘똘 뭉쳐 있다. 이 친구들이 드디어 2002년 후반기 쯤이면 여러분들을 찾아가게 된다. 각종 계모임, 농사짓는 논이나 밭, 공사현장(현장소장님 밑에서 일하는 분들을 위하여 우리를 불러주십시오), 동창회모임 어디든지 찾아갑니다. 이름하여 출장코미디!!! 물론 출장비는 받지요!!! 세계 어디에도 없는 출장코미디 서비스를 한번 받고 싶지 않으십니까?

독도는 우리 땅

"울릉도 동남쪽 뱃길 따라 이백 리 외로운 섬 하나 새들의 고향, 그 누가 아무리 자기네 땅이라고 우겨도 독도는 우리 땅."

정광태의 〈독도는 우리 땅〉이라는 노래를 다 기억하실 거다. 참 좋은 노래다. 왜냐하면 독도는 정말 우리 땅이기 때문이다(나 지금 허무개그 하는 건가?). 하지만 얼마 전 우연히 독도 홈페이지에 들어가본 후 그건 단지 우리들만의 생각일 뿐이라는 엄연한 걸 깨닫게 되었다.

일본인들이 독도를 빼앗기 위해서 얼마나 많은 노력을 기울였으며 그 결과 대부분의 다른 나라 사람들이 독도를 일본 땅이라고 생각하고 있다는 사실 또한 말이다. 세계가 독도를 다 일본 땅이라고 여기는 현실 앞에서 〈독도는 우리 땅〉이라는 노래를 아무리 불러봐야 무슨 소용이 있겠는가 말이다. 우리가 하는 것이라고는 그저 가끔 가다 일본 정치가들이 망언이라도 할라치면 길길이 분노하는 것밖에 없다. 분노할 만한 이유 앞에서 길길이 분노하는 것은 당연하지만 그걸로는 부족하다. 몇몇의 뜻있는 사람들의 독도수호운동도 가상하지만 부족한 것은 마찬가지다.

이에 나는 엉뚱한 제안을 한번 해보고자 한다. 모든 모임의 명칭 앞에 '독도사랑'이란 네 글자를 붙이자는 제안이다. 가령 '○○ 고등학교 (독도사랑) 학부모회', 'XX 중학교 31회 (독도사랑) 졸업생회' 혹은 '월화수 (독도사랑) 친목회' 등등 그냥 무조건 모든 모임의 앞에다 독도를 붙여버리는 거다. 이렇게 한다면 국민들의 독도에 대한 의식이 환기될 것임은 물론이고, 일본이나 여타 세계인들에게도 '한국인들의 독도 사랑은 압도적'이라는 인식을 심어줄 수 있지 않겠는가?

역사적인 정당성에 이런 대대적인 국민적 사랑이 덧붙여진다면 '독도는 일본 땅.'이라는 뒤집어질 말을 어찌 감히 내뱉을 수 있겠는가 말이다.

말도 안 되는 거 나도 안다. 하지만 나의 '말도 안 되는' 아이디어를 읽고 난 후 독자분들께서 독도에 대해 다시 한 번 생각하신다면 그걸로 나는 만족하겠다.

---

jeon, yoosung *talk talk talk*

독도까지 걸어가는 아이디어는 송영욱이 방송국 프로그램에 낸 아이디어다.
어떻게 걸어가는가? 뗏목을 여러대 만들어 뗏목 위를 걸어가는 거다. 뒤에 뗏목이 앞으로 나가고 다시 그 위를 걷고 다시 뗏목이 앞으로 나가고. 그 위를 청소년들이 걸어가는 거다. 전에 현해탄까지 헤엄쳐간 프로그램을 생각해 보시라.

아이디어를 말한다

김대일_ 글쎄, 솔직히 독도는 우리나라 정치인들이 할일 없으면 한번씩 터트리는 문제잖아요.

정효철_ 이 아이디어를 내긴 했어도 내 스스로 왜 독도를 지켜야 되는지 이유를 몰라요. 단지 뺏기면 내 자존심이 상하니까. 그런데 그렇게 하다가 김치도 빼앗길 뻔했잖아요. 그것과 똑같은 것 같아요. 누구 한 사람이 총대 매지 않으면 결국 빼앗긴다고 보거든요.

김헌기_ 항상 '독도는 우리 땅' 이라고 하는데 울릉도엔 독도 가는 배가 없어요.

송영욱_ 정부에서 허가를 안 낸다고 그러는 것 같던데요?

정효철_ 예. 허가가 안 나요. 모 음료 광고로 왜 국토 순례하잖아요. 그런 종류의 행사도 늘 이런 식이에요. 땅끝 마을부터 목포, 군산, 대전에서 천안, 서울에서 임진각으로. 그런데 절대 독도는 안 들러요. 울릉도도 안 가고, 독도도 안 가고. 오로지 땅이라 이거죠. 기왕이면 울릉도도 가고, 제주도도 가고, 독도, 마라도 다 들러 위로 올라가야 되는데 무조건 땅만 가요, 땅만. 저 그거 보고 있으면 우습더라구요. 괜히 잘난 체하는 것 같기도 하고. 물집 보여주면서 심각한 표정짓는 거 보면 가소롭기까지 하더라구요.

김대일_ 가소로울 것까지야……

정효철_ 선언으로만이 아니라 세심한 행동 하나하나까지 독도가 우리 땅임을 인식해야 할 것 같아요.

"쟁반이 필요해요

직장 초년병 시절에 사무실의 커피 심부름을 해본 기억들이 있을 것이다. "어이 김모모 씨 커피 한잔 먹읍시다."하면 여기저기서 들리는 소리들, '나도', '나도'.

이거 아무것도 아닌 것 같지만 상당히 곤혹스런 심부름이다. 사려깊은 바로 윗 선배가 따라와 준다면 고맙겠지만 직장 생활에서 그런 행운을 만난다는 것은 좀처럼 어려운 일이다. 할 수 없이 서커스라도 하듯 대여섯 잔의 자판기 커피잔을 들고 가노라면 커피 속에 손가락이 빠지기도 하고, 애써 빼입고 온 옷이 커피에 더러워지기 일쑤다. '아, 나도 얼마 전까지는 학교에서 대빵이었는데…….' 하는 괜스런 감상에 빠지기도 하지만 어쩔 것인가. 지금은 내가 꼬봉인 것을.

　자판기를 좀 바꿔 보면 어떨까. 좀더 사려 깊고 소비자를 위한 장치를 해 놓는다면! 자판기 옆에 1회용 쟁반이라도 비치해 두었으면 좋겠다. 괜히 서류를 쟁반으로 사용하다가 두 번 일하게 만들지 말고 말이다. 그리고 한 가지 덧붙이자면, 커피 뽑는 부분 좀 높일 수 없을까? 나도 어디 가서 키크다는 소리 못 듣는 처지지만 그런 나에게도 이건 너무 낮다(물론 아이들도 자판기를 이용하겠지만). 한국 성인 남성의 평균키를 적용해서 만든다면 커피 뽑는 부분이 지금보다는 훨씬 높아져야 할 듯싶다.

단돈 100원으로 사랑하는 사람 기쁘게 해주기

1. 전화 걸어서 "사랑해"라고 말하기
2. 쿠폰을 만들어 애인하고 게임하기. 가령, '키스해 주기'라든가, '100미터 업어주기' 같은 쿠폰 말이다.
3. 100원이 들어 있는 통장 만들어주기.
4. 50원짜리 편지봉투하고 50원짜리 편지지 사서 편지 쓰기.
5. 둘로 쪼개서 사랑의 징표로 주기(쪼개지려나?).
6. 소원을 이루어준다는 연못에 던지기(다음 생에서도 다시 그대를 만날 수 있기를!).
7. 풍선 사다가 그녀 앞에서 불어주기(물론 '사랑해'라고 씌어 있어야 한다).
8. 동전 숨기기 마술하기(사랑을 위해선 이 정도는 배워야 한다).
9. 코에 넣는다 (우울한 그녀, 아마도 즐거워하지 않을까?).
10. 뱃살에 넣는다(영화도 있지 않은가? 〈사랑은 다 괜찮아〉).

발명이야기. 발명은 끝이 없어라

지금은 디자인 시대라고들 한다. 우루과이 라운드에서 그린 라운드, 그리고 디자인 라운드라는 말도 심심찮게 떠돌아다니고 있는 시대에 우리는 살고 있다.

산업재산권에는 특허, 실용신안, 상표, 의장의 네 가지 권리가 있다. 이 가운데 의장권이 바로 디자인이다. 어떠한 발명품의 모양에 독점권을 허락하는 것이다.

중공업에 무슨 디자인이냐고 반문하실 분이 있을지 모르겠지만 모양 없이 만들어지는 제품은 어디에도 없다. 모양이 꼭 외형적으로 아름다워야만 하는 것은 아니다. 요즈음의 소비자들은 모양도 모양이지만 거기에다 쓰기에 편한 실용성이 더해진 것을 원하기 때문이다. 따라서 모양의 변경은 곧 실용성의 창출이라고 해도 과언은 아니다.

지금 현재 우리나라 돈으로 30조 원이 넘는 상표 가치를 가지고 있다는 코카콜라의 신화는 어디에서 나왔을까? 미국의 작은 병을 만드는 공장의 직공이었던 루디라는 열여덟 살 먹은 소년이 바로 그 주인공이다.

'물에 젖어도 손에 미끄러지지 않아야 하며 사실보다 더 많은 내용물이 들어 있는 것처럼 보여야 한다.' 는 코카콜라 회사의 아이디어 공모에 루디는 과감히 도전장을 냈다.

놀러온 여자 친구 주디의 치마를 보고 아이디어를 얻은 루디는 주름 치마 모양을 본떠 병 바깥 면에 주름을 만들었다. 손으로 잡아도 미끄러지지 않도록 한 다음 치마처럼 허리부분을 잘록하게 만들어 손으로 잡기 쉽도록 했다. 뿐만 아니라 이 모양은 80% 양의 콜라만 넣어도 보기에는 더 많아 보였다. 1923년 루디는 600만 달러라는

발명이야기, 발명은 끝이 없어라

어마어마한 돈을 받게 되었고, 코카콜라는 세계적으로 유명한 회사로 성장하였다.

직육각형의 성냥갑밖에 없었을 때, 도쿄올림픽을 앞둔 일본의 한 빌딩 수위였던 쓰즈이 씨는 100여 모양의 성냥갑을 만들어 의장특허를 등록받고 성냥갑 회사에 팔았다. 이로 인해 연간 1천만 엔이라는 큰 돈을 벌어들였음은 물론, 올림픽을 맞아 엄청난 광고 효과를 가져왔다. 다른 사람들이 뒤늦게 특허청에 의장을 출원해 보았지만 이미 거의 모든 형태의 의장특허가 쓰즈이 씨의 이름으로 등록되어 있었다.

미국의 페이터 부부는 지금의 왕관 모양의 병뚜껑을 만든 유명한 사람인데 이들은 이 병뚜껑을 만들기 위해 전세계의 병뚜껑을 다 수집하여 연구하였다. 단단히 죄어져야 하며 내용물이 변질되어서는 안 되는 병뚜껑을 만들어야 했기 때문이었다.

모양만 바꾸는 것이니 쉬운 것이라고 생각할 수만은 없다. 실용성이 함께 보장되어야 하며 처음 보았을 때 그 물건을 소유하고 싶은 마음이 들도록 만들어야 하기 때문이다.

미국의 만년필 회사인 파커는 직각형 만년필을 유선형으로 만들어 만년필의 대명사로 군림해 오고 있다. 당사의 굴삭기 캡 중, 헬기의 곡선형에서 아이디어를 빌린 라운드형 캡도 운전자의 시야를 최대한 넓게 한 획기적인 디자인으로 평가를 받고 있으며, 미국 특허청에 등록되었음은 물론, 1995년 전국 직무발명 경진대회에서 특허청장상을 수상한 바 있다.

발명이야기. 발명은 끝이 없어라

한증막 원조는 마야인

멕시코 남쪽 중미 카리브해에 면한 나라인 벨리즈 북쪽 쿠엘로에서 고고학자들이 최근 발굴한 유물에 의하면 3,000년 전 중앙 아메리카의 저지대에 마야인들이 살았던 것으로 추정된다. 그들의 집은 회반죽을 바른 벽과 초가지붕으로 된 오두막이었다. 그들은 곡물과 카사바(머스크멜론의 일종)를 길렀고 사슴과 야생의 돼지를 사냥했다. 그리고 강에서 물고기를 잡고 개를 길렀다. 쿠엘로 마을 중심의 가장 오래된 이 지역에서 고고학자들은 파손된 건물을 찾아냈다. 노먼 해먼드 박사가 이끄는 보스턴 대학의 고고학자들은 이곳이 최초로 알려진 치료와 의식을 위한 마야의 한증막이라고 주장했다. 이 땅에서 기원전 900년 무렵의 사람들이 발한을 즐기는 데는 어려움이 있었을 것이다. 정교한 목욕으로 유명하던 로마가 있기 전이었으며, 또한 마야족의 문명개화기인 AD 200년보다 훨씬 이전이었기 때문이다. 해먼드 박사는 "한증막이 비록 작고 단순하지만, 과테말라에 있는 티갈이나 피드라스, 네그라스 같은 마야의 고전적인 도시에서 발견된 화려한 목욕탕의 원조처럼 보이며 현재 미국이나 캐나다에 있는 인디언 문명의 한증막과도 유사해 보인다."고 말했다.

쿠엘로 광장의 동쪽에서 해먼드 박사팀에 의해 발굴된 구조물은 24m의 너비와 길이로, 구석의 암상은 함몰돼 있고 벽은 장기간 뜨거운 불에 노출돼 붉은 잿빛으로 타버렸다. 좁은 통로에는 돌무더기와 잿더미들이 쌓여 있었고, 돌로 만든 낮은 의자도 있었다.

이 집이 무엇인가,라는 질문에 대해 해먼드 박사와 반더빌트 대학의 제레미 보더

발명이야기, 발명은 끝이 없어라

는 지난달 보스턴 대학에서 출판된 책에서 다음과 같은 답을 제시했다. "발굴 이전에 지붕은 태풍에 의해 파괴돼 있었다. 우리는 태양에 의해 구조물이 마르지 않도록 방수 천을 덮었다. 누군가가 이곳이 사우나처럼 덥고 습하다고 말했고 그때 갑자기 우리가 발굴하는 곳이 한증막인 '피브나'임을 깨달았다."

유적을 분석하면서 고고학자들은 화덕이 집 바깥에 있었으며 불에 의해 뜨거워진 석탄과 돌들이 좁은 통로를 통해 집 안으로 열을 보냈다고 결론지었다. 그래서 6명 정도의 목욕자들이 벤치에 앉아 다리를 통로의 뜨거운 석탄 쪽으로 뻗었을 것이다. 또한 그들은 증기가 나오도록 돌 위에 물을 뿌렸을 수도 있다.

하지만 왜 사람들은 뜨거운 돌을 갖춘 집을 지었을까. 고고학자들은 그 이유를 오늘날 마야 사람들의 삶의 모습에서 찾고자 했다. 마을 사람들은 먼 여행을 떠나기 전이나 씨뿌리기 전, 혹은 분만 후 한증막으로 간다. 증기는 아픔과 열을 앗아가며, 의식 전에 몸을 정화시켜주고, 이웃과도 대화를 즐기도록 한다. 한증막은 마야 사회의 삶의 풍요를 반영한다.

발굴된 구조물은 대략 기원전 700년 경에 파괴되고 버려진 것처럼 보이는데 이는 마을 사람들이 한증막에 대한 관심을 버렸기 때문은 아닐 것으로 보인다. 쿠엘로 어딘가에 미래의 고고학자에게 발견되기를 기다리는 또 다른 한증막이 있을지도 모른다.

발명이야기. 발명은 끝이 없어라

전통 속의 첨단과학, 자격루

우리가 현재 쓰고 있는 만 원권 지폐에는 한국 시계제작 기술을 대표하는 문화재인 국보 229호 '보루각 자격루' 그림이 있다. 경복궁과 창경궁의 보루각에 설치됐던 자격루는 세종시대에 발명된 자동 물시계다.

원래 있었던 물시계의 디지털식 시보장치가 유실돼 지폐그림에서는 청동으로 된 물 공급용 항아리인 파수호 3개와 이곳의 물을 받아 시간을 측정하는 항아리인 수수호 2개만을 형상화하고 있다.

실물은 덕수궁의 광명문 안에 전시돼 있는데 이것은 1434년에 장영실이 세종대왕의 명으로 만든 것을 1536년에 개량한 것이다. 밤낮 구별 없이 시간을 측정하는 데 사용된 물시계는 삼국시대부터 제작됐으며 기계시계가 나오기 전까지 표준시계로 널리 사용되었다고 한다.

삼국시대에 제작된 물시계는 맨 위 항아리에 물을 넣어 차례로 흐르도록 함으로써 맨 아래 항아리에서 수수호에 일정하게 물을 공급하도록 했던 유입식이 주류를 이뤘던 것으로 보인다. 수수호 안에 눈금을 새긴 잣대를 띄워 그 안의 물이 불어나는 데 따라 떠오르는 잣대의 눈금을 읽어 시각을 알아냈던 것이다.

중국에서는 시간 측정의 정밀도를 높이기 위해 눈금간격을 세밀하게 책정했다. 하지만 잣대 길이가 50~60cm정도여서 1각(15분) 단위밖에 매길 수 없었다. 하지만 이럴 경우 하루 동안 시간을 재기 위해 수수호의 물을 여러 차례 빼고 잣대도 갈아 끼워야 하는 불편이 있었다.

발명이야기, 발명은 끝이 없어라

또 이로 인해 시간 측정이 중단돼 측정의 연속성이 깨지는 문제도 발생했다.

장영실은 이러한 문제점을 해결하기 위해 자격루에 새로운 아이디어를 적용했다. 그는 우선 수수호의 높이를 중국 물시계의 4배 정도로 키웠다. 잣대의 길이도 4배로 길게 만들었다. 그렇다고 문제가 완전히 해결된 것은 아니었다. 수수호 한개로 하루의 시간을 측정할 경우 하루가 지나면 항아리가 가득 차게 돼 더 이상은 시간측정이 곤란했던 것. 장영실은 이를 위해 수수호 2개를 만들어 교대로 사용하는 방법을 고안했다. 잣대 길이는 거의 2m나 되었으며 눈금 단위는 약 1분 정도여서 중국보다 10배 이상 세밀하게 시간을 측정할 수 있었다.

이뿐만 아니다. 보루각 자격루의 수수호는 높이 225cm, 지름 36cm의 원통으로서, 물을 가득 채웠을 때 발생하는 수압에도 변형되지 않도록 통 둘레가 용틀임으로 장식됐다. 이것이 460여 년이 지난 지금도 통 아래 위의 지름이 동일하게 유지되고 있는 이유다.

kim, hunki 생년월일_70년 4월 18일 / 가족_한 살 터울의 사랑하는 아내와 여덟 살, 여섯 살의 아들과 딸이 있습니다 / 직업 _samsung computer dry cleaning 운영 (부산에서 삼성세탁소 운영) / 취미_낮- 인터넷 바둑, 밤- 음란 사이트 서핑 / e-메일 _rlagjsrl@lycos.co.kr / 전화_아무男 051-202-5981, 외로운이女 011-688-8981

세탁소 김사장 _김헌기

전유성이 본 김헌기

어떤 질문을 하던지 재미있게 대답할 준비와 항상
고스톱 칠 준비를 하고 있는 사람. 우리 모임에 가장
많은 차비를 투자한 사람.
인세가 나오면 차비를 제일 먼저 빼줘야지.

〃세탁소
김사장의 세상 보기
-세탁소 앙케이트

세탁물 안 찾아가는 유형 Best 3

1. 빚 떼먹고 야반도주한 사람.

2. 교도소 간 인간.

3. 가을 옷, 봄에 맡기고 그 해 여름에 돌아가신 분.

주머니에서 많이 나오는 물건 Best 3

1. 라이터, 담배.

2. 볼펜, 만년필.

3. 돈 (최고 금액 7만 원, 물론 모두 다 돌려드렸다).

기타 : 명함, 손수건.

주머니에서 나온 이색적인 물건 Best 3

1. 콘돔.

2. 칙칙이.

3. 천이백만 원짜리 통장과 도장(비밀번호는 물론 없었다).

짜증나는 손님 Best 3

1. 다음날 꼭 입어야 된다고 해서 쌔빠지게 해놓으니 일주일 후에 찾아가는 손님.
2. 세탁소에 와서 옷이 집에 없으니 여기 있다며 옷 찾아내라고 하는 손님.
3. 다음날 집에서 찾았다며 세탁 맡기러 온 위의 손님.

그때 그 손님

언뜻 생각하기에 세탁소 일이란 게 재미있는 일 하나 없는 심심한 직업인 것 같지만 의외로 흥미진진한 일들이 꽤 많이 일어난다. 몇 년 전쯤의 일이다. 한 아주머니가 온통 찢어진 여자 옷과 남자 옷을 한 보따리 가지고 세탁소에 나타났다.

"저, 이 옷들 수선할 수 있을까요?"
"아주머니, 수선이란 말의 뜻을 잘 모르시는 거 아닙니까? 아이들이 장난한 모양이에요?"
"힘들겠죠?"
"불가능하죠."

몇 마디의 대화가 오고 간 후 그 아주머니는 힘없이 돌아섰다. 알고 보니 그 옷들은 격렬한 부부싸움의 희생물들이었다. 아저씨가 싸움 끝에 열받은 나머지 부엌에서 맛있게 구운 김을 잘라야 할 가위로 아주머니의 옷을 다 잘라버렸고 이에 뚜껑 열린 아주머니도 아저씨의 옷을 색종이 오리듯 오려

버린 것이다. 안타깝긴 했지만 나로선 달리 수선할 방법을 찾을 수 없었다. 그리고 며칠 후 그 부부는 예상대로 이혼을 하고 말았다. 아주머니의 이혼 소식을 듣고 나는 세탁업을 시작한 이래 최대의 회의에 빠질 수밖에 없었다. 무슨 수를 써서라도 그 옷들을 수선해 냈어야 하는 건데…….

 세상엔 돌릴 수 없는 것이 있다. 부부간에 싸움을 해도 형제간에 아무리 알력이 있어도 상대에게 되돌릴 수 없는 상처를 주면 안 된다. 옷도, 세상살이도 알고 보면 다 마찬가지인 것 같다.

짭새와 깍두기

　동네에서 살인사건이나 큰 폭력사건이 일어나면 경찰관들이 제일 먼저 조사하는 곳이 세탁소라는 걸 아는 분들은 그리 많지 않을 것이다. 혹시 피가 많이 묻거나 찢겨진 옷을 가져온 사람은 없는지를 조사하러 온다. 경찰관들이 고생하는 것을 누구보다도 잘 아는 나인지라 그들의 조사에 적극적으로 협조하지만 그럴 때마다 이런 생각을 지울 수는 없다.
　'명색이 폭력배인데 그 친구들을 너무 물로 보는 거 아닌가?'
　또 어떤 날은 경찰관과 동네 폭력배들이 동시에 옷을 맡길 때도 있다. 그런데 이상한 것은 두 사람의 옷들이 왠지 서로를 불편해 한다는 것이다. '내가 세탁업을 너무 오래했나?' 라는 생각이 들기도 하지만 그런 느낌은 어쩔 수가 없다. 그러면 난 가능한 한 두 옷을 서로 멀찌감치 떨어뜨려놓는다. 비록 오버라고 할진 몰라도 그건 내가 손님들에게 할 수 있는 최소한의 배려이기 때문이다. 그리고 난 두 사람 모두와 친하게 지낸다.

　경찰관과 선량한 시민들을 괴롭히는 모든 폭력배들이 회개하여 새 사람이 되기를 기대해 본다.

발명하려다가 가산 탕진한 분들을위한 세탁업 Q&A

1. 세탁의 정의를 내린다면?

세탁은 위생이다. 세탁은 눈에 보이는 때만 지우는 것이 아니라, 우리 몸에 해로운 세균도 제거하기 때문이다.

2. 세탁을 한문으로 쓴다면?

洗濯. 씻을 세(洗), 빨래할 탁(濯).

3. 세탁을 영어, 일본어, 불어, 러시아어로 번역한다면?

영어 : washing (워싱).

일본어 : せんたく (센타꾸).

불어 : 빠라브러.

러시아 : 빠러다려스키 (불어하고 러시아어는 진지하게 듣는 분 없겠죠?).

4. 한달에 얼마 버는가?

세무소 버전 : 백만 원 (실제 수입은? 먹고 살고 조금 남음).

5. 세탁 2행시

세 : 세상에 태어나 해본 직업 중에 가장.

탁 : 탁월한 선택이었다고 생각되는 직업.

6. 제일 지우기 어려운 것?

오래된 음식물, 특히 실크나 한복 본견에 묻은 것은 거의 지우기 힘들다.

7. 가장 기억에 남는 손님과 기억하기 싫은 손님?

기억에 남는 손님은 러시아 사람인데 통역관까지 데리고 와서 무스탕 세탁해 갔던 사람이고, 기억하기 싫은 손님은 금배지 없어졌다고 난리 피우다가 며칠 뒤 찾았다고 한 손님이다. 모든 직업에는 명암이 있는 법이다.

8. 가장 비싼 다리미는 얼마인지?

7만 원짜리. 성능이 벤츠급이다.

9. 세탁을 배우려면 어디로 가야 되나?

세탁 학원이 있으나 거기는 이론상으로만 가르치고 실제 기술은 기존의 세탁소에 가서 직접 배우는 게 제일 빠르고 확실하다. 새로운 재질이 계속 나오기 때문에 항상 공부하는 자세로 일해야 한다.

10. 라이벌 업체가 있다면?

우리 경쟁업체로는 빨래방, 가격 파괴점 등이 있으나 가격을 제외한 기술과 위생면에선 우리가 월등히 앞서간다고 자부한다. 싼 게 비지떡이라지 않던가.

11. 먹물 위에 김치 국물 위에 잉크 위에 볼펜 자국이 묻었다면 어떻게 지워야 되나?

밥풀 5알에 세제 5그램 그리고 물파스를 잘 섞어서 그 오점에 대고 마구 문지른다. 그렇게 하면 지워지냐고?

절대 안 지워진다. 그냥 반바지를 만들어 입는 게 나을 듯하다.

12. 정치인 중에 세탁해 주고 싶은 사람이 있다면?

지역 감정 조장하는 놈들, 민족을 배반하고 남북 관계를 훼방놓으려는 놈들, 기타 등등.

13. 제일 세탁 안 할 것 같은 연예인?

전·유·성.

14. 세탁소의 많은 품목들 중에서 가장 재미를 못 보는 품목은?

단연 바지다. 손도 많이 가고 재료도 많이 들어간다. 하지만 바지도 절대 환영이다.

15. 세탁물을 맡기는 것으로 직업을 알 수 있나?

다는 아니지만 거의 알 수 있다. 특히 은행원이나 선생님, 춤선생 등은 바로 느낌이 온다고 봐도 무리는 아니다.

16. 20년 후 세탁업은?

외국 같이 대형화, 세분화되어 가격, 세탁 방법, 서비스 등이 여러 등급으로 나뉘어 선택의 폭이 더욱 넓어지지 않을까.

17. 옷을 맡길 때 할머니와 아줌마와 처녀와 나가요 아가씨들의 차이점은?

할머니는 '싸게', 아주머니는 '깨끗이', 처녀나 나가요 아가씨들은 '빨리'.

18. 세탁업을 시작한 건 언제고, 어디에서 배웠는가?

시작은 1998년 2월쯤이고 배운 건 30년 경력의 베테랑에게 다리미로 맞아가면서 배웠다.

19. 세탁과 섹스의 공통점은?

세 마디로 요약이 가능하겠다. 넣는다. 뺀다. 뺀다.

20. 대학 교수가 되어 세탁 강의를 한다면 가장 하고 싶은 말은?

걸레는 자신의 몸이 더러워짐으로 인해 상대가 깨끗해진다.

21. 세탁이 없어진다면 어떤 일이 일어날까?

의류업계에 대 호황이 오지 않을까? 혹은 일회용 옷이 출현할지도 모르겠다.

23. 세탁업을 하지 않았다면?

자동차 정비나 덤프 트럭 기사가 되었을 것 같다. 아니면 발명가가 되었을까?

24. 오리털 불리는 방법을 공개한다면?

직업상의 일급 비밀이다. 공개한다면 이 바닥에서 매장당할걸.

25. 세탁에 관한 생활 영어 한마디?

dry : 말리다   cleaning : 깨끗한, 청결한   iron : 다리미

26. 1년에 몇 번 쉬는지?

일요일 52일, 설날 3일, 추석 3일, 휴가 3일 해서 합이 61일 정도 쉬는 것 같다. 물론 이건 근로 기준법에 어긋나는 것이다.

27. 일 끝난 후 제일 근육이 뭉치는 신체 부위?

이두박근이 제일 땡기고 우측 어깨 신경통은 거의 직업병 수준이다.

28. 바지의 주름을 30초 만에 다릴 수 있는 비법?

초바늘과 분바늘을 바꾸면 간단히 해결된다.

29. 주부들이 알아야 할 세탁 상식이 있다면?

와이셔츠 목의 때는 치약으로 간단히 해결되고, 볼펜이나 잉크 때가 묻었다면 물파스가 즉효입니다.

34. 우리나라에서 제일 비싼 세탁기는?

두 전직 대통령의 검은 돈을 세탁한 기계.

35. 수입이 가장 많았던 날의 액수와 이유

설날과 추석 전날에 최고 83만 원까지 벌어봤다. 명절에는 한복과 양복이

많이 들어오기 때문에 벌 수밖에.

<u>36. 세탁하면서 가장 짜증날 때?</u>

다리미에 손 데었을 때다. 자존심 상해서 어디 가서 말도 못하고 한마디로 돌아버린다.

<u>39. 세탁하면서 정말 꼭 하고 싶은 일이 있다면?</u>

버리는 졸업생 교복을 다시 깨끗이 세탁해서 정말로 필요로 하는 학생들에게 나누어주고 싶다.

〃문제 있습니다, 1탄

우리나라가 대풍이라 쌀이 남는다고 합니다. 어쩌면 조금의 흉년을 기대했을 농민들이 있을 수도 있다는 점에 대해서 서글픔을 느낍니다. 왜 그리 쌀을 안 먹는지. 평생 느끼한 버터에 구운 고기로 어금니만 좋은 일 시킬런지, 뉴스에 그렇게 콜레스테롤이네, 대장암이네 떠들어도 정말 귀담아듣지 않는다. 그럼 어떻게 하면 우리나라 사람들이 쌀을 사랑해서 많이 먹을 수 있을까?

요즘 인스턴트 식품이나 외국 음식문화의 발달로 쌀 소비가 줄고 있다며 국민들에게 적극적인 쌀 소비를 요구하는데 그보다는 쌀을 재료로 식품을 만드는 대기업들이 국내 쌀보다 가격이 더 저렴한 수입쌀을 사용한다는 점이 더 큰 문제다.

어디 쌀뿐인가? 예를 들어 조미료에 들어가는 각종 농산물(양파, 당근, 마늘 등) 그리고 각종 어패류까지……. 우리가 아무리 세 끼 네 끼를 모두 쌀밥만 먹는다 한들 대기업들이 저런 짓을 하는 한 절대 해결 방법은 없다.

그러니 시민단체들은 그런 나쁜 기업들을 찾아내서 언론에 공개하고, 국민들은 그 기업 제품 불매 운동을 해서 그 기업이 우리 농산물을 쓰도록 유도하는 것이다. WTO체제 하에서 수출만 하고 수입은 안 한다는 것은 말도 안 되는 일이고 수입한 쌀은 정부에서 국내에 풀지 말고 북한이나 유니세프에 원조용으로 쓰면 좋을 듯싶다. 그리고 농사짓는 분들께 맞아 죽을 각오하고 한마디 할까 한다.

'천하지대본'! 맞는 말임에 틀림없다. 하지만 이제는 쌀 공급도 좀 줄일 필요가 있다고 본다. 80년대 이후 품종개량과 이모작 등으로 계속해서 쌀의 수확은 늘어나는데 수요는 한계가 있는 것이니 이제는 양보다는 질, 즉 고품질의 쌀을 생산해야 되지 않을까?

예를 들어 오리를 풀어놓고 기른 오리쌀, 미꾸라지쌀, 인삼쌀, 갯벌쌀 등. 이것만이 우리 농촌이 살길이라는 생각이다.

문제 있습니다, 2탄

얼마 전 거룩한(?) 이름들이 관보에 올랐다. 모두 실수였다고, 한 번 저지른 불장난이었다고 말하겠지만 지금 이 상황에서 우리가 그들의 말에 귀를 기울일 자 누굴까? 이름을 올리느냐? 올리지 않느냐? 하는 말로 떠들고 싶진 않고 어떻게든 다음부턴 이런 일이 안 생기도록 하는 게 이 땅에 사는 사람들의 숙제가 아닌가 한다. 어떻게 하면 청소년 성매매가 없어질 수 있을까?

청소년 성매매범이란 마음 같아서는 사형을 시켜도 속이 시원치 않을 인간들이다. 그러나 절대 이런 인간은 사형시켜선 안 되고 무기징역을 살게 해야 한다. 그것도 독방에서.

그런 다음 하루에 비아그라를 한 알씩 먹게 한 뒤 야한 비디오를 매일 같이 보여주는 것이다. 아마 그 사람 10년 안에 비쩍 말라 죽을걸.

독도땅
1평 갖기 운동

분명히 우리 집인데 어떤 놈이 와서 옆에 있는 창고는 내 것이었다고 한다. 처음에는 무슨 소리야? 하면서 엉덩이를 때렸겠지만 계속 우기니까 집 주인은 정말 이 창고가 저놈 거였나 하며 주려고 한다. 기막힌 이 일을 어쩌면 좋나. 우리라도 그 창고를 빼앗기지 않게 머리를 굴려야 하지 않을까?

'창고 찾기 운동'을 벌여 보자.

독도는 동도 19,605평, 서도 27,800평 합이 47,405평으로 이뤄진 자연 생태가 그대로 보존된 아름다운 우리의 섬이다. 그 섬을 독도를 사랑하는 사람들끼리 마음을 모아 각자 1평씩 47,405명이 공동 명의로 정부로부터 독도를 사는 것이다. 물론 그 섬을 산다 해서 재산권이나 사용권이 주어지는 것은 아니다. 다만 상징적으로 독도를 사는 것이다. 그 수익금으로는 독도 지킴이 같은 단체에 기증해 독도를 지키는 데 쓰여지도록 하는 것이다. 독도의 현 시가가 얼마인지는 잘 모르지만 좋은 일에 쓰이니만큼 1인당 약 1백만 원씩 받으면 대략 5백억의 돈이 모일 것이다.

그러면 다른 나라에서 독도가 누구 땅이요, 하고 물었을 때 막연하게 우리 나라 땅이요, 하는 것보다는 예를 들어 김헌기 외 47,404명의 땅이요, 하면 더 확신과 믿음을 주지 않을까?

자꾸 성질 나게 하면 독도까지 해저터널 확 뚫어버려?

부부싸움 합시다

결혼을 아직 안 하신 분이나 결혼을 하신 분이나 사랑싸움이라고 불리는 투닥거림 한번쯤 안 해 본 사람은 없을 것이다. 어떻게 푸시는지? 무엇 때문에 싸우시는지 물어보면 웃음도 안 나온다.

영화관에서 방귀 꼈다고 3일간 말 안 하는 사람, 카드값 50만 원 나왔다고 우는 사람, 저녁 7시에 들어왔다고 남편 흉보는 사람. 여기서 잠깐 한말씀 드리겠다. 절대로 남편이 저녁 7시에 들어왔다고 옆집 가서 흉보지 말자. 반상회에서 그 집 내보내자고 안건 들어온다. 아무튼 내가 하고 싶은 말은 멋지게 부부싸움 하는 방법이다.

첫째, 폭력은 어떠한 경우에도 정당화되지 않는다. 절대 폭력은 쓰지 말 것!

둘째, 공소시효 3년. 3년 전에 있었던 일은 이야기 하지 말자.

셋째, 일사부재리(一事不再理). 지난번 부부싸움 때 얘기한 것에 대해서는 또다시 꺼내지 말 것.

이상 3가지 원칙만 지켜진다면 가끔씩 부부싸움 하는 것도 좋을 듯싶다. 부부싸움 다음날 반찬 안 좋은 건 좋다 치자. 그런데 한 달 동안 다른 이불 쓰면 나는 우야냐고? 거기에다 밤마다 샤워는 왜 그리도 해대는지……

바람잡이 전유성

세탁하면 생각나는 게 있다. 아파트를 돌면서 쉐이타우악!!! 하면서 세탁물을 걷으러 다니는 소리말이다. 쉐이타우악!!! 누가 먼저 곡을 붙였을까? 언젠가 라디오 진행을 한 적이 있었는데 담당PD 조카는 어릴 때 엄마 아빠 다음으로 배운 말이 쉐이타우악!!! 하는 소리였다고 해서 웃은 적이 있었다. 쉐이타우악!!! 마찬가지로 번데기 장사의 뻔! 뻔! 하는 소리나 메밀묵이나 찹쌀떡!!! 하는 멜로디도 전국 어디서나 공통이다. 한 가지 더 궁금한 것은 그 많은 세탁물을 걷어가면서 아파트 호수를 어떻게 기억하는지 물어보고 싶을 때가 한두 번이 아니었다. 하지만 궁금하다고 물어보면 재미없다. 당신이 세탁물을 걷으러 다닌다고 가정하고 나만의 표시를 생각해 보라. 바로 아이디어 훈련하는 일단계 방법이다.

요즘 마술 좋아하는 사람들이 늘어나고 있다고 한다. 나도 마술에 관심이 있어서 몇 가지를 할 줄 안다. 어설프긴 하지만 몇 가지 할 줄 아는 카드마술이나 동전마술을 이는 사람에게 보여주는 경우가 더러 있었다. 그러면 신기하게 생각하는 사람이 있는가 하면 한 번 더 해보라는 사람도 있고, 무조건 '알았어, 내가 해볼게.' 하고 이상한 짓거리를 하는 인간들도 있다. 심지어는 돈을 줄 테니 가르쳐달라는 사람도 있었다. 마술을 배우는 가장 좋은 방법은 혼자서 풀어보는 것이다. 혼자서 이렇게 저렇게 해보면 대강의 방법을 알게 된다. 그 다음에도 모르면 물어보는 게 올바른 순서다. 자꾸 관심을 가지고 궁리하다 보면 서툴지만 방법이 떠오르기 마련이다. 남에게 물어보지 않고 정답을 알게 되는 맛을 즐겨라. 아이디어란 거져 생겨나는 게 아니다. 자꾸 궁리하는 거다. 마술비법은 알고 보면 시시한 것도 많긴 하지만 그 시시한 게 모르면 얼마나 알고 싶은지 미칠 지경이 된다. 시시한 거라고 하지만 처음 연구한 사람에게는 대단히 중요한 사건(?)이다.

개그맨들이 처음 들어오면 숙제를 내준다. 예를 들어 '전화기에 대한 재미있는 이야기를 만들어 와라.' 와 같은. 각자가 연구해 온 전화기 개그를 듣다가 갑자기 지금부터 나오는 사람은 재떨이에 관한 개그를 하라고 시킨다. 이 경우 대부분의 신인 개그맨들은 당황한다. 전화기 개그를 준비해 왔는데 갑자기 재떨이 이야기를 하라니!

그럴 때 순발력 있는 신인 개그맨은 이렇게 이야기를 한다. 내 책상 위에는 여러 가지 물건들이 놓여 있는데 재떨이도 있고, 연필도 있고, 전화기도 놓여 있답니다, 하고는 자신이 준비해 온 전화기 이야기를 한다. 아이디어도 순발력이 필요하다는 얘기다. 이런 신인 개그맨을 보면 이놈은 스타가 될 놈이야 하는 생각이 든다. 틀림없이 스타가 되더군! 자, 그럼 여기서 세탁이야기를 어떻게 하면 재미가 있을까? 독자분들이 한번 시도해 보자.

미술대학교 입학시험 중에는 실기시험이 있다. 실기시험은 석고 데생이란 건 누구나 아는 사실이다. 석고 데생이라곤 하지만 입학시험이 있는 날까지 어떤 대상이 실기시험에 나온다는 건 비밀이다. 그러니까 학생들은 자기가 알고 있는 모든 석고를 대상으로 열심히 데생 연습을 해야 한다. 미술학원에서도 마찬가지이다. 그런데 어느 해 어떤 대학에서 비너스가 이번 입학시험에 출제가 된다는 소문이 나돌았다. 수험생들과 학원 선생님들은 긴가민가 하면서도 자신이 얻어들은 정보력을 믿었다. 사실 불안했을 거다. 비너스가 안 나오면 어떡하나? 하지만 학

생들은 열심히 그리고 또 그렸다, 비너스를! 다른 학원에 소문 날까봐 쉬쉬 하면서. 드디어 시험 보는 날. 입시생들은 조마조마하는 마음으로 기다렸다. 그런데 정말 비너스를 들고 교수님이 나타났다. '야호!!! 비너스 눈 감고도 그린다. 원장님 만세! 비너스다, 비너스야!' 그런데 그 때 교수님의 한말씀. "입시생 여러분 오늘 시험은 비너스를 데생하는 겁니다." 하더니 비너스를 옆으로 눕히는 게 아닌가? 아뿔싸! 비너스를 세워놓고만 그렸는데 누운 비너스라니?

세상은 똑바로도 봐야되지만 옆으로 눕혀놓고도 볼 수 있어야 된다. 아이디어도 마찬가지다. 늘리고 줄이고 꿰매고 부치고 뒤집고 까보고 남과 다르게 보려는 노력을 해야 한다. 늘리고 줄이고 꿰매고 부치고 뒤집고 까보는 거 세탁소에서 하는 일이랑 비슷하지 않나?

얼마 전에 화학과 교수님을 만난 적이 있었다. 노벨이 물리학자인 줄 아는데 사실은 화학자라는 이야기를 한다. 그러고 보니 나도 사실은 노벨이 물리학자인 줄 알았다. 화학이 우리에게 매우 중요한데 너무나 딱딱하게 생각한다는 게 교수님의 생각이다. 얼마 전에 『과학콘서트』라는 책을 읽은 이야기를 하면서 '과학에다가 콘서트라는 말을 붙인 것이 얼마나 신선한가!' 라는 이야기를 한다. 참고로 이 책에는 '머피의 법칙은 왜 일어나는가? 히트한 음악에는 공통적 패턴이 있다, 상술로 설계된 복잡한 미로-백화점, 내가 차선을 바꾸면 왜 내 차선이 늘 밀리는가? 하는 것들을 알기 쉽게 과학상식으로 설명해 주고 있다. 한권 사서 읽어보기 바란다.

'과학을 대중적으로 쉽게 설명해준 책은 있는데 화학을 대중적으로 설명해 주는 책은 왜 없는가? 하고 물었다. 대답은 간단하다. 그런 책을 쓴 사람이 없어서 그렇다는 거다. '왜 이민 간 사람들은 여기선 안 해보던 페인트 칠을 하는가?' 하는 제목으로 책이 나오면 어떨까? 참고로 미국 이민 간 사람들이 왜 세탁소를 많이 하는가도 같이 알고 싶다. 세탁이야기도 화학이야기니까 말이다. 퍼크로 크리닝이란 도대체 무슨 말인가? 얼마 전까진 드라이 크리닝이라고 하더니…….

번역하는 일로 업을 삼고 있는 김대웅이란 후배가 있다. 이 친구는 남들이 의식주에 관한 공부를 할 때 전혀 반대되는 걸 연구한 사람이다. 반대되는 것이란 바로 세탁이다. '의'는 입는 것이니 자연히 세탁에 관한 이야기, '식'은 먹는 것이니 자연 화장실에 관한 이야기, '주'는 사는 곳이니까 반대로 장례에 관한 자료를 잔뜩 모아놨다. 의식주에 관한 공부나 연구는 숱한 사람들이 하니까 남들이 안 하는 걸 했더니 그 분야의 일인자(?)가 되었다는 거다. 대우사보에 〈세계의 빨래풍속〉이란 걸 아주 오래 연재했었다. 그 당시 그의 별명은 빨래 칼럼니스트였다.

칼럼니스트라는 게 그 분야의 전문가인 거다. 콩나물만 한 3년 키우면서 콩나물 자라는 것만 기록해 두고 팍팍 무치는 것만 연구하면 콩나물 칼럼니스트가 되는 거다. 망치 칼럼니스트, 해장국 칼럼니스트, 소주 칼럼니스트, 고스톱 칼럼니스트, 젓갈 칼럼니스트. 3년만 죽어라 몰두하고 빠져들어서 남이 안 하는 전문가가 될 필요가 있다. 잘만하면 먹고 사는 길이 보인다.

목욕가서 자기가 직접 몸을 씻으면 몸빨래, 남을 시켜서 때를 밀면 몸세탁!!!

생활 속의 아이디어

라면 1개의 면발 길이는 56m

　우리나라 사람이 가장 좋아하는 기호식품으론 단연 라면이 꼽힌다. 식품 업계의 혁명으로까지 불리는 라면은 지난 1958년 일본의 사업가 안도 시로후쿠에 의해 발명됐다.

　당시 일본은 식량 부족과 패전 후유증으로 미국이 지원하는 밀가루로 연명하는 사람들이 부지기수였다. 이때 밀가루를 이용한 새로운 식품개발을 생각한 사람이 안도였다. 영양이 풍부하고 맛이 좋고 보관성이 우수하면서 누구나 손쉽게 조리해서 먹을 수 있는 밀가루 식품 개발이 필요했던 것이다.

　그는 술집에서 밀가루를 끓는 기름에 넣어 튀김음식을 만드는 것을 보고 라면 개발의 힌트를 얻었다. 끓는 기름에 국수를 넣고 튀기면 밀가루 속에 있던 수분이 순간적으로 빠져나오고 국수엔 작은 구멍이 무수하게 생긴다. 이것을 건조시켰다가 뜨거운 물을 부으면 작은 구멍에 물이 들어가면서 먹음직스런 국수가 되는 것이다. 또 건조시켜 보관하면 장기간 보관해도 변함이 없다.

　그런데 라면은 국수와 달리 면이 꼬불꼬불하다. 왜 그럴까. 여기엔 여러가지 이유가 있다. 먼저 많은 양을 한정된 포장지 안에 넣기 위해선 곡선 상태가 훨씬 유리하다. 또 유통기간을 길게 하려면 튀김 공정에서 빠른 시간에 많은 기름을 흡수해 튀겨지도록 수분증발을 도울 수 있는 공간이 필요하다. 곡선형이 직선보다 많은 공간을 제공함은 물론이다. 그리고 직선보다는 꼬불꼬불한 곡선형이 미학적 가치도 더 높다. 이렇게 탄생한 라면은 그 동안 수많은 변화를 거쳐 오늘에 이르고 있다.

　그럼 라면의 길이는 얼마나 될까. 보통 라면 1개의 면발 길이는 56m다. 라면업계

생활 속의 아이디어

에서 집계한 자료에 따르면 97년 기준으로 우리나라 사람 한 명이 먹은 라면은 약 84개이며 총 소비량은 38억 개였다. 38억 개의 면발을 이으면 지구와 달 사이의 거리인 38만 4800km의 553배에 해당하는 어마어마한 길이가 된다. 또 38억 개를 차곡차곡 쌓으면 그 높이가 에베레스트 산(8848m)의 높이와 비슷하다.

'@' 의 역사

컴퓨터를 조금이라도 다루어본 사람이라면 누구나 키보드에 있는 '@' 이라는 기호를 본 적이 있을 것이다. 이메일이 보편화되면서 이 기호는 이메일의 가운데에 위치하여 각 개인의 아이디와 도메인 주소를 구분해 주는 역할을 하게 되었고, 이에 따라 컴퓨터 사용자들에게 더욱더 친숙한 기호가 되었다. 그렇다면, 영어로는 'at'이라고 읽고 우리말로는 골뱅이 기호라고도 부르는 이 기호는 언제부터 쓰이게 되었으며 또 언제부터 지금의 의미를 지니게 되었을까?

@ 기호는 최근의 닷컴 위기 경제 속에서 살아남은 몇 안 되는 생존자 중 하나라고 볼 수 있다. 수천만 명이 넘는 인터넷 사용자들을 하나하나 구분시켜주는 이메일 주소에 쓰이기도 하고, 많은 회사들이 이 기호를 자사의 회사명에 포함시킴으로써 정확성이나 속도감과 같은 긍정적인 가치를 회사의 이미지로 널리 선전하려고 하고 있다. 게다가 이 기호를 사용함으로써 현존하는 언어의 의미 폭이 늘어나게 되는,

생활 속의 아이디어

예상치 못한 사태까지도 일어나고 있다. 휴대전화 문자 메시지 등에서 통신 용어로 쓰이는 'CU 8.30 PM @ Bruno's'는 'See you 8:30 PM at Bruno's'를 간략하게 쓴 것이다. 스페인어를 사용하는 국가에서는 'Hola, amig@s!'라는 말을 씀으로써, 친구라는 단어의 여성형과 남성형을 통틀어 가리키는, 정치적으로 올바른 새로운 용어가 태어나기도 하였다.

이메일 주소를 표현하기 위한 문자열 구조에 처음으로 @ 표시를 집어넣은 사람은 레이 톰린슨(Ray Tomlinson)이라는 컴퓨터 과학자로, 1971년에 세계 최초로 자기자신에게 이메일을 보낼 때 이 표시를 사용하였다. 톰린슨에게 왜 하필 @ 표시를 선택했느냐고 묻자, 그는 키보드에 표시되어 있는 문자들 가운데 사람 이름에 쓰이지 않는 문자를 골랐다고 답변했다.

그렇다면 톰린슨이 이 기호를 이메일 주소에 사용하기 앞서 어떻게 이 표시가 키보드에 새겨지게 된 것일까? 이 문제에 대해서는 학자들마다 의견이 엇갈리고 있다. 일부는 중세 초기 수도승들이 영의의 at, towards, by 등을 나타내는 라틴어 단어인 'ad'를 표시하기 위하여 발명해 냈다고 주장한다. 좀더 다수인 다른 일부는 이 기호가 나타난 것은 그보다 훨씬 후인 18세기 무렵으로, 상품의 갯수당 가격을 표시하기 위하여—예를 들면 '사과 5개에 각 10펜스(5 apples @ 10pence)'라고 쓰기 위해—처음 고안되었다고 주장한다. 또 다른 의견 중 하나는 프랑스나 독일인 상인들이 물음표 위에 액센트 기호를 찍어서 쓰다가 이것이 @ 기호로 정착되었다는 설이다. 그런데 작년 7월에 이탈리아 학자들이 발견한 바에 따르면, 14세기 베네치아의 회계 관련 장부에서 @ 기호가 쓰였다고 하며 이에 따라 이 기호의 기원을 상당히 올려잡을 수 있게 되었다. 발견된 장부에서 @ 기호는 상품의 양을 나타내는 단위처

생활 속의 아이디어

럼 쓰이고 있다고 한다. 어쨌든 1884년에 만들어진 타이프라이터에는 분명히 이 @ 기호가 포함되어 있고, 이것이 지금으로부터 80년 전 현재 컴퓨터 문자 세트의 표준을 정할 때까지 영향을 미친 것으로 알려졌다.

아무튼 오늘날 @ 기호와 관련된 가장 큰 문제점은 이 기호를 어떻게 부를 것인가 하는 문제이다. 스페인과 포르투갈에서는 'arroba', 프랑스에서는 이를 수입하여 'arobase'라고 쓰고 있고, 영국과 미국에서는 'at' 기호라고 부르고 있기에 독일이나 에스토니아, 일본 등에서도 비슷한 용어를 사용하고 있다. 그러나 이들은 모두 공식 용어일 뿐, 일상 생활에서 실제로 컴퓨터 사용자들이 가볍게 쓰는 표현은 조금 다르다. 독일, 네덜란드, 핀란드, 헝가리, 폴란드, 남아프리카에서는 공통적으로 이 기호를 가리켜 '원숭이 꼬리'라고 한다. 반면 프랑스나 이탈리아, 한국에서는 이를 '달팽이'라는 뜻을 가진 단어로 표현하고 있고, 국제 공용 인공 언어인 에스페란토어도 마찬가지라고 한다. 노르웨이인들은 돼지 꼬리, 중국인들은 생쥐, 러시아어로는 강아지라고 하는 등 나라별로 표현 방식은 다양하다. 심지어 체코어로는 이 나라에서 자주 먹는 음식인 '돌돌 만 절인 생선'이라고 부르는 등, 음식물과 관련된 은유들도 있다. 가장 특이한 경우는 핀란드에서 쓰이는 'miukuauku'라는 말로, 이 단어는 '고양이 표시'라는 뜻이라고 한다. 잠자는 고양이가 몸을 구부리고 있는 모양이 @과 유사하다는 데서 나온 표현이다.

역사적인 유머들

- 미래의 컴퓨터는 1.5톤 정도 나갈 것이다.
  1949년 《Popular Mechanics》지, 과학기술의 급격한 발전을 예측하며.

- 640Kbyte면 모든 사람에게 충분한 메모리 용량이다.
  1981년 빌 게이츠.

- 도대체 이게 무엇에 쓸모가 있단 말인가?
  1968년 IBM의 한 기술자가 마이크로칩에 대해 평하며.

- 이 전화란 것은 통신수단이 되기에는 결점이 너무 많다. 이 기구는 우리에게 별 가치가 없다.
  1976년 웨스턴 유니온의 내부 문서.

- 공기보다 무거운 물체가 나는 것은 불가능하다.
  1895년 영국 학술원장 켈빈 경.

- 주식은 오를 만큼 올라 더 이상 오르지 않을 것이다.
  1929년 어빙피셔 예일대 경제학과 교수.

- 발명될 수 있는 것은 모두 발명되었다.
  1899년 미국특허청장 찰스 H. 듀엘.

무엇을 생각하셨습니까? 전세계적으로 유명한 사람들이 내뱉은 말 중에 지금 들어보면 너무나 근시안적이었던 말들이 참 많습니다. 바로 10년 전, 100년 전의 이야기입니다. 그렇지만 세계는 그들이 예언한 대로 진행되지 않았습니다. 그 예언자의 주체가 바로 지금의 '나'는 아닐까요?

소시지 + 빵 = 핫도그

1904년 앙뜨완 포슈뱅거는 루이지애나 박람회에서 소시지를 팔고 있었는데 개인용 접시에 얹어 팔았다. 당연히 값이 비쌌다. 그래서 접시를 없애고 뜨거운 소시지를 쉽게 잡을 수 있도록 무명으로 된 하얀 장갑을 제공하기로 하였다. 그러나 역시 비쌌을 뿐만 아니라 손님들은 불편하다고 그냥 갔다. 이 문제를 해결하지 못하자 그의 처남이었던 빵장수는 다음과 같이 제안했다. "내 빵 속에 형의 소시지를 끼워 팔면 어떨까요? 형은 소시지를 팔 수 있고 나는 빵을 팔 수 있잖아요." 이렇게 해서 태어난 것이 핫도그다. 접시를 빵으로 대신한 것이다.

발명도 마찬가지이다. 두 개를 붙여보거나 크게 하거나, 줄이거나 뒤집어 보거나 다시 한 번 배열해보자. 생각지 못했던 신선한 아이디어가 나올 것이다.

실패를 두려워하지 않는 정신!
에디슨은 한 번의 성공을 위해 수백 번의 실패를 한 실패가라는 사실을 잊지 말자.

못다한 이야기

김대일과 송영욱에게 물어보는 발명, 발견의 비화
특허 출원은 어떻게 하는가?
초보자들이 말해주는 특허 출원 방법 A to Z

김대일과 송영욱에게
물어보는 발명, 발견의 비화

토론 참여자 ▶ 전유성, 김대일, 송영욱, 게스트1, 게스트2

전유성(이하 전) ▶ 특허 출원하러 간 적 있어요? 그거 하러 가면 첫 단계부터 딱 막히거든. 난 그건 아니라고 봐. 특허청에 갔는데 영어로 된 서류도 많고……. 쉰 몇 살 먹은 사람이 가면 딱 막혀.

송영욱(이하 욱) ▶ 발명가협회에 자문을 구하러 가도 잡다한 서류를 작성하는 것까지 자세하게 가르쳐주진 않죠. 자문해 주실 분이 계시면 참 좋겠어요.

김대일(이하 일) ▶ 특허청에 가면 민원 상담실이 있거든요. 특허청에 오래 계시다가 퇴직하신 분들이 민원 대행하는 걸 도와줘요. 그분들을 찾아가면 기초적인 설명을 들을 수 있는데 일반 시민들은 그 방법 자체도 모르죠. 그분들은 동사무소 같은 데 가면 앉아 계시는 그런 정도로만 활약해 주시니까.

게스트(이하 게1) ▶ 그럼 특허가 나오고 나면 바로 상품화가 될 수 있는 건가요?

전 ▶ 아니지. 그렇게 쉽게 볼 문제가 아냐. 발명 특허 출원에 필요한 서류가 무진장 많아. 그런데 그 설명 자체도 어려워. 예를 들면 내가 하나 만들어서 나름대로 용어 설명을 했는데 이 용어를 그 사람들이 못 알아듣거든. 그 사람들이 알아듣는 용어로 바꿔줘야 돼. 그

공부가 또 오래 걸려. 그리고 돈은 또 얼마나 들겠어?

일 ▶ 출원비 말씀인데요. 변리사 통하는 것하고 개인 출원하는 것하고 차이가 많이 나거든요. 본인이 직접 서류를 작성할 수 있는 사람은 거의 없을 거예요.

계1 ▶ 아! 대행해 주는 게 변리사인가요? 특허 여부를 결정하는 게 우리가 아니고 변리사인가요?

전 ▶ 심사하는 게 대개 변리사라고 생각하는 일반인들도 많단 말이야. 또 발명가들이 어떤 아이디어를 가지고 발명가협회를 찾아간다 했을 때 혹시 이 사람이 내 것을 도용하지 않을까, 하는 불안감 때문에 이쪽에서 또 경계를 해. 그런 의문을 가지고 있는 사람들에 대한 대답들이 있거든. 변리사든지 발명가협회든지 상담을 할 때에는 허심탄회하게 전부 다 얘기를 해야 돼. 근데 얘기를 안 해. 혹시나 내 걸 써먹지 않을까 해서. 그러나 그 사람들은 무지무지하게 많은 아이디어를 들은 사람들이기 때문에 그 사람들보다 훨씬 더 좋은 아이디어를 많이 알고 있을 수도 있어. 그렇기 때문에 그런데 혹심을 품거나 그러지는 않아. 그래도 사람들은 무조건 죽이는 아이디어라고만 하면서 설명을 잘 안 하지.

다 얘기해도 돼. 또 아이디어를 가지고 찾아가는 사람들이 많은데 한 명이 한 가지 아이디어만 가지고 쫓아가는 사람들은 거의 없어. 그중에 가장 대표적인 것, 돈이 될 것 같은 것만 가지고 이 사람들이 찾아가는 거거든. 그러니까 다 얘기해도 돼. 그걸 저 혼자만 꽁

치고 있으면 그게 돈이 안 돼. 정말로 어떤 사람이 자기 아이디어를 가지고 했다고 쳐봐요, 내가 얘기한 사람 중에 하나가. 그러면 천하에 나쁜 놈이지. 하지만 그놈이 돈을 벌면 그 다음번에는 그 사람에게서 더 좋은 아이디어를 가져가게 돼. 그땐 돈을 지불한다구.

계1 ▶ 예를 들어서 기막힌 보험 제도를 하나 생각했다고 해요. 그런데 기존의 어느 회사에서도 그런 상품이 없었다면 그 상품을 어떻게 해야 되는 거죠?

욱 ▶ BM 특허, 비즈니스 모델이라고 해서 그게 특허가 된 지는 4년 됐나요? 그게 얼마 안 됐어요. 불과 4년인가 5년? 인터넷시장을 내다보니까 역경매 시스템인가 야후의 검색 시스템들이 다 특허로 출원됐었는데, 미국은 아직 3건 정도만 등록시킨 단계로 알고 있어요. 열 손가락 안에 드는 정돈데 왜냐면 등록이 되도 문제고, 안 되도 문제다 이거죠. 지금 우리나라는 BM 등록을 2만 건 정도 출원한 걸로 알고 있습니다. 인터넷 컨텐츠들은 BM 특허권을 다 한 개 이상씩 내고 있어요. 제가 다니는 아이디어 오케이도 컨텐츠 자체의 모델을 특허로 출원했는데, 아이디어를 접수 받아 가공하고 특허를 출원해 줄 때까지의 인큐베이팅 서비스를 하나의 사업 형태로 해서 출원했어요. 그럴 경우 만약에 등록이 된다면 아이디어 플라자, 아이디어피아 관련 업체들을 저희가 소강할 수 있거든요. 그러면 그게 어떻게 특허화됐냐고 또 소송이 오갈 수가 있어서 우리나라는 아직까지 등록된 경우가 한 건도 없습니다.

일 ▶ 우리나라는 특허 등록이 된다고 해도 법적 보호를 받기가 상당히 힘들어요. 제가 특허를 냈다고 했을 때 이 핸드폰 자체를 어느 기업에서 대량 생산해서 팔면 특허법으로 법적 보호를 받을 수 있는데, 그게 일반적으로 쉽게 만들 수 있는 거라서 개인적으로 만들면 특허 보호를 받을 수 없거든요. 예를 들어 어떤 보험회사에서 특별한 방법을 개발했는데 다른 보험회사에 계신 분들이 회사에서 지시는 안 내렸지만 개인적으로 실적을 올리기 위해 그 방법을 이용하면 그건 법적으로 저지할 수가 없는 거예요. 개개인을 상대로 다 재판을 걸어야 해요.

전 ▶ 예를 들어서 어떤 물건이 하나 있어. 이건 신문 광고를 내고 팔아먹어도 되겠군. 그런 걸 직접 방문해서 팔아먹자고 했을 때 이런 것으로 특허를 낼 수 있다는 거지. 그런데 지금까지 쭉 누구나 다 해왔잖아. 그렇다고 너만 그렇게 하라고 할 수는 없다는 거지.

욱 ▶ 그것도 조건이 있는데요. 관례나 통상적인 방법에 관한 비즈니스 모델은 특허가 될 수 없었는데 역경매 시스템은 발상을 바꾼 것 아닙니까? 그러한 경우에는 독특한 것만 특허를 주겠다는 거죠. 그러니까 미국에서도 등록된 것이 있는데 소송이 되어서 싸우고 있습니다. 한쪽에서는 그거 하지 말라고 하는데 또 어떻게 하지 말라고 그러느냐며 싸우는 예가 있어요. 변리사분들의 모임에서도 BM특허는 방법이 없으니 그냥 무조건 출원을 많이 해놓고 운을 기다릴 수밖에 없다고 말씀하세요. BM특허를 출원하려고 가면 이건 당연히 등록됩니다, 라고 하지 않고 저희도 모릅니다, 라고 하죠. 나중에 책임을 회피할 경향으로. 왜냐하면 우리나라엔 아직 등록된 사례가 없기 때문이죠.

계1 ▶ 예를 들어서 어떤 식품이 발명됐을 때 아주 상품성이 크거나 덩치가 큰 경우에는 스스로 돈을 모아서 회사를 차리는 경우가 있잖아요. 그런데 만약 기존의 어떤 식품의 한 품목으로 들어갈 수 있는 제품이다 싶을 때 특허가 나오면 팔 수 있는 건가요? 이익은 어떤 식으로?

일 ▶ 조금 전에, 특허 출원을 하시는 초보자 분이 특허청을 어떻게 찾아가고 어떻게 출원하는지 방법 이야기가 나오다가 갑자기 중간 단계가 없어지고 건너뛰었거든요? 벌써 팔러 가네요. 과정 얘기가 다 빠졌는데 채워넣고 가는 게 나을 것 같아요. 특허청에 심사관들이라고 해서 특허를 심사하시는 분들이 계시는데 그 분들 숫자가 턱없이 부족해요. 한 달에 한 분이 몇천 건씩 하셔야 돼요. 그러면 하루에 몇십 건씩 심사를 하셔야 되거든요. 그 전에 이런 특허가 출원된 석이 있느냐 없느냐를 검시해야 되는데 자기 머릿속에서 바로 생각이 안 나면 거절 사유 통지서를 내보내요. 그걸 일반인들이 받아보면 아, 이건 특허가 안 되는구나, 하고 포기를 하는데 보통 90건이 들어가면 85건은 거절사유 통지서가 나와요. 일반인들은 그걸 모르고 있죠. 거절사유 통지서가 나오면 그걸 가지고 왜 특허가 되어야 하는지 그 뒷부분은 자신이 맡아야 되죠. 아니면 개인

217

변리사를 통해 다시 그 서류를 작성하든지. 비용이 또 추가되는 거죠. 아마 그렇게 되면 변리사들은 수입이 더 늘겠죠. 일단 심사관 숫자가 너무 적어요. 그분들이 처리할 수가 없어요. 일단 특허 출원을 내면 90% 심한 경우에는 거의 100%에 가깝게 거절 사유 통제서가 오죠. 그분들이 시간을 내서 찾아봐야 하는데 그럴 시간이 없으니까 무조건 다 돌려보내는 거죠. 그러면 둘 중 하나예요. 포기를 하든지 아니면 심사관들이 해야 할 일을 대신해서 서류를 보내, 옛날에 특허 출원된 경우 가운데 이런 유사한 경우가 있었는데 이것과는 이점이 다르다고 설득해서 자료를 만들어 다시 보내는 거죠. 그러니까 입장이 바뀐 거예요. 심사관이 해야 할 일을 출원하시는 분이 다 처리해야 돼요.

일 ▶ 그래서 심사관들이 모자라서 선등록제도로 바뀐 거 아닙니까?

전 ▶ 일단 등록해 놓고 봐라?

욱 ▶ 그러니까 서류만 제대로 갖추면 이미 제품으로 나와 있는데도 똑같이 서술해서 출원서를 갖고 등록을 하면 3개월 내에 등록증이 나옵니다. 그러니까 실용신안으로 등록이 됐다고 나오는데 등록이 됐다고 힘을 발휘하는 게 아니라 기술 평가를 받습니다. 뭐냐 하면 옛날에는 1년 6개월에서 8개월이 지난 다음 등록이 됐다 안 됐다는 결과를 심사까지 다 했었는데 그러다 보니 업무량도 너무 많아져서 우선 사업을 시작하고 초기에 시비 거는 사람 있을 경우에 그때 가서 시시비비를 가리라는 거죠. 그때 가서 누가 딴지를 걸면 그게 당신 특허니 내 특허니 가리라는 식으로 2000년도부터 법이 약간 바뀌었죠.

일 ▶ 일본하고 똑같이.

전 ▶ 그럼 특허 종류는 무엇무엇이 있지?

욱 ▶ 실용신안 특허, 의장, 확정, 상표 특허.

전 ▶ 의장은 디자인에 관한 것이고, 실용신안은?

일 ▶ 실용신안은 기존에 있었는데 재료를 바꾼 것이죠. 자연적인 법칙에 의한 특허가 아닌 것. 기존에 있던 두 가지를 합쳤거나 크기를 변경해서 기능이 나아졌을 경우, 새롭게 생긴 반도체 정도요. 그런 것은 자연스럽게 법칙에 의해 그렇게 정해진 것이니까.

욱 ▶ 특허가 힘을 발휘하는 것 가운데 솔직히 개인이 낸 것은 현실적으로는 없죠.

전 ▶ 그럼 대기업인가? (욱 : 예) 그럼 기업은 거의 변리사를 통해서 하나?

일 ▶ 변리사를 통하는 경우도 있구요. 특허 출원 건수가 많아지면서 중견 기업 같은 경우에는 변리사 사무실에 몇 년씩 근무하시던 분을 직원으로 고용해요. 실질적인 업무는 변호사가 하고 사무장이나 그분들이 특허서류 자체를 다 꾸미시는 거죠. 거기 있던 직원을 몇 명 뽑아가면 1년에 몇백 건이라고도 출원이 가능하죠, 저렴하게. 그 방법을 택합니다.

전 ▶ 변리사는 어떻게 되는 거야? 변호사랑 같은 건가?

일 ▶현재는 고시 공부하다가 떨어진 분들이 저희 회사로 들어오시는 게 현실이구요. 취업을 위한 학원이 있구요. 대전에 가면 특허청에서 운영하는 교육기관이 있어요.

전 ▶교육은 얼마나 받아야 돼?

일 ▶학원에서는 피상적으로 간단한 교육만 시키고 사법고시 공부하듯 혼자서 하는 거죠.

게1 ▶변리사 시험은 이공 계통 쪽에서 시험을 많이 보는 걸로 알고 있거든요.

일 ▶현재는 절대평가로 몇 점 이상이면 합격이란 식으로 숫자에 상관없이 뽑는데 예전에는 상대평가로 1년에 3명에서 5명밖에 안 뽑았어요. 숫자가 정말 적었죠.

전 ▶그 사람들은 오직 특허에 관한 일만 하는 건가?

일 ▶그렇죠. 미국 같은 경우에는 변리사 시험을 보려면 변호사 자격증이 있어야 해요. 변리사는 변호사와는 급이 많이 다르지요. 변리사들 질이 낮게 평가되는 이유는, 지금은 없어졌는데 얼마 전까지만 해도 특허청에서 15년 근속하면 변리사 자격증을 줬기 때문이에요. 법무사랑 똑같죠. 그래서 특허청에 가면 다 같아져요, 사람들이. 몇 년만 버티면 1년에 몇억 원의 수입을 가질 수 있으니……

게스트2(이하 게2) ▶요즘은 변리사에 대한 인식이 다르던데요. 주변에서도 변리사 공부한다고 하면 특별한 사람으로 보고 그러던데. 사시보다 더 어렵고 공부를 참 잘해야 되고 수입도 굉장히 괜찮고, 이런 식으로 인식은 많이 바뀐 거 같아요.

일 ▶ 일반인이 보는 시각하고 많이 다르죠. 변리사의 절반 이상이 특허청에서 근속하다가 나온 분들이에요. 그분들이 주도권을 잡고 있죠. 인맥도 그렇고.

계2 ▶ 기술적 방법도 알아야 되고, 법률적 지식도 있어야 되고, 그러면 일단 발명가의 입장에서는 발명이 활성화되려면 특허청의 심사관의 수가 늘어야겠네요.

일 ▶ 네. 그리고 등록비라는 게 있거든요. 출원하는 데도 돈이 들어가요. 등록 기간이 15년이면, 처음 3년차는 1년에 5만 원씩 내야 돼요. 그 다음 3년에서 6년차는 플러스 3만 원. 나중에 10년이 넘으면 일 년에 15만 원에서 20만 원까지 내야 돼요., 한 건에 대해서. 만약 개인 발명가가 특허를 100개 정도 가지고 있다면 유지비 자체가 감당이 안 될 정도로 눈덩이처럼 불어나는 거죠. 등록비가 있긴 있어야 되는데 개인 발명가들이 특허를 보유하고 있기엔 너무 부담스러워요.

계2 ▶ 그걸 일부러 부담스럽게 하는 이유가 뭐지요?

욱 ▶ 왜냐하면 제품을 만들 수가 없거든요. 지금부터 15년 동안 쌓여 있는 특허에서 벗어날 수가 없어요. 지금 내가 만약 무슨 제품을 만들려면 거기에 다 걸리니까 사업을 할 사람인지 안 할 사람인지 가려내는 거지요. 당신이 이 비용을 부담하면서까지 끝까지 이걸 가지고 갈 거냐, 중간에 포기를 할 거냐. 개인 발명가 입장에서는 힘들거든요. 그러니까 특허로 묶어놓으려면 돈을 내라는 거지요.

계1 ▶ 너무 싼 채로 특허를 유지하면 좋은 아이디어가 사장될 수도 있겠군요.

욱 ▶ 내게 A라는 특허가 있어요. 다른 사람이 이걸 만들고 싶은데 내가 무리한 요구를 할 수도 있잖아요. 내가 사업할 능력은 없는데 어떤 사람이 이걸 사용하겠다고 할 경우 내가 몇 억을 달라고 요구하는 거예요. 특허 유지비가 싸다고 한다면 100개 정도쯤 특허 출원 해놓을 수도 있거든요. 그래서 도메인 선점하듯이 선점하지 못하게 하려고 정말로 그중에 당신이 가지고 갈 것만 가지고 가라고 한다는 거죠. 안 그러면 마음만 먹으면 특허 출원을 한 달 동안 2천만 원 어치도 할 수 있거든요.

계2 ▶ 기업하고 개인하고 차별을 둬야 된다 이거지요? 개인의 경우 유지비가 많이 나와서 부담이 되어 유지비를 내지 않으면 특허가 바로 없어지나요? (욱 : 예) 만약에 없어지면 다른 사람이 바로 특허 출원을 할 수 있어요?

일 ▶ 누구든지요. 공개된 특허라 상관 없이 할 수 있어요. 저는 특허를 사서 팔아본 적이 여러 번 있거든요. 제가 개발을 해야 되는데 컴퓨터로 조사를 해봤더니 이미 있어요. 누가 특허 출원을 해놓은 거죠. 이분은 진짜 개인이 그냥 한 건을 해놓은 건데 거기에 걸려서 제가 일을 못하게 된 거예요. 그런 경우 대부분 찾아가면 그렇게 몇억을 바라지는 않아요. 그분들 생각은 정말 소박해요. 본인의 아이디어가 제품화됐으면 하는 게 소원이고, 지금까지 들어간 비용 정도만 말씀을 하시지 그렇게 무리하게 말씀하시진 않아요.

전 ▶ 종류마다 다 틀리지 않아?

욱 ▶ 도메인 선점하듯이 자기가 갖고 싶은 것 하나 갖는 정도의 소박한 사람들은 문제가 안 되는데 한 사람이 몇천 건을 갖고 있는 경우가 있죠. 예를 들어 옛날 성냥갑을 보면 스페이스 바 모양도 있고, 하트 모양도 있고, 다이아몬드 모양도 있고, 별 모양도 있고 다양하게 있지 않았습니까? 어떤 한 사람이 성냥갑에 대한 의장등록을 백몇 가지를 다 해버렸어요. 그래서 성냥갑을 만들기 위해서는 그 사람을 찾아서 저 얼마를 드리면 되겠습니까, 하고 물어야 돼죠. 그 사람에게 돈을 주고 권리를 사서 써야 됐어요. 그런 사람들이 우리나라에 꽤 있었죠.

전 ▶ 그것도 좋은 돈벌이 중 하나군. 부정적으로 보지 않고 긍정적으로 생각하면.

계2 ▶ 이런 건 혹시 없나요? 변호사들도 자기네들끼리 모여서 법인회 만들잖아요? 발명가들끼리 모여서 법인을 만들어서 같이 발명하고 같이 특허 내서 같이 돈을 공유하고 뭐 이런 식의 조직은? 발명 법인! 협회 차원이 아니라 회사처럼 법인말예요.

전 ▶ 협회는 있어도 법인은 구성이 안 될 거야. 모임이라는 것은 아직 돈벌이를 한 번도 안 해본 사람들이니까 가능한 건데, 만약 돈벌이가 시작되면 그때부터는 사람들끼리 안 모여져. 상식적으로 아마 추어인 경우에는 서로 힘을 합치지만 한 사람씩 돈을 벌기 시작하면 서로 다른 사람이랑 일을 같이 안 하려고 하지. 그러니 공유가 되나, 그게?

일 ▶ 성냥 이후에 라이터를 만들었어요, 제가 제 아이디어로. 모임이 아니고 나 혼자 만들었으니 이게 다 내 돈이어야 하거든요. 그런데 모임이 7명이면 7등분으로 나누어야 되잖아요.

욱 ▶ 발명가들 성격 자체가 외곬이어서 모임을 만들어서 아이디어를 내놓고 회의는 하는데 마케팅을 할 사람은 없죠. 진짜 발명가밖에 없으니까 특허 출원까지만 하는 거지, 더 이상 진행이 안 되더라구요. 그러다가 어떻게 운좋게 연줄이 돼서 투자해 주는 사람이 들어왔다면 그 모임이 약간 활성화되는데 그렇지 않은 이상 늘 아이디어 회의뿐이죠. 2주일에 한 번 모이는 모임은 꽤 있습니다. 인터넷으로도 많이 모이죠.

개1 ▶ 아이디어 오케이도 그런 곳입니까?

욱 ▶ 아이디어 오케이는 회사죠. 미국인가에는 아이디어 랩이라는 사이트가 있거든요. 아이디어를 필요로 하는 회사한테 주거나 아니면 그 회사에서 무슨 아이디어가 필요하다고 한다면 그 아이디어를 제공하는 회사를 만들어 돈을 좀 많이 벌었어요. 우리나라에도 아이디어 회사가 차려진 예가 있는데 아이디어 플라자라는 회사였어요. 엔지니어 분이 아이디어에 관심이 있어서 회사를 차린 경우죠. 변리사를 직원으로 두어 회사를 차려가지고 일반인들의 아이디어를 접수받아 산출어 검색을 하고 없으면 모두 특허 출원을 해놓는 식이에요. 그걸 판매하겠다는 거죠. 하지만 그 회사엔 발명가는 없어요. 발명가는 없고, 아이디어를 일반인들에게 받아서 그걸 출원만 하고.

일 ▶ 우리나라에는 없는데 일본에 아이디어를 찾으러 다니는 직업이 있거든요. 일명 브로커들. 헌터라고 하기도 하는데, 개인 발명가들이나 특허 출원된 것을 검색해서 거기서 돈 될 만한 걸 찾아다가 회사에 파는 직업이죠. 그리고 그걸 역으로 받으시는 분들이 있거든요. 회사에 고용되어 그 일을 전문적으로 하시는 분들이 있구요. 우리나라 발명가들이 국제 발명대회 나가면 상을 많이 타거든요. 거기 가면 브로커들이 아이디어를 사가려고 기다려요. 우리나라는 코엑스에서 아무리 전시를 해도 사가려는 사람은 없고 어떻게든 변형을 해서 써먹으려고 하죠. 우리나라에서 특허로 문제가 되서 우리나라 사람이 소송을 내서 이기는 그런 경우는 아마 없을 거예요.

계1 ▶ 발명가 입장에선 오히려 발명 브로커가 있는 편이 도움이 되겠군요.

일 ▶ 그렇죠. 우리나라는 대기업들이 이상하게 일반인들의 아이디어를 살 생각은 안하고 어떻게 하면 좀 피해갈까 생각하는 거죠. 대기업에서 사업 승인하려면 몇백억을 투자해야 되니까 몇 년 동안 그분들 준비할 시간을 줘야 하는데 개인 발명가는 기업에서 쓰겠다고 하면 10억을 주든 20억을 주든 특허를 우선 사가길 원하는 거죠. 시간이 갈수록 저쪽에서 시간을 계속 끌고 있다고 생각하거든요. 그러다가 그것과 유사하게 특허 피해가는 방법을 찾아 기업에서 제품을 만들기 시작하면 개인 발명가 입장에선 사기를 당했다 생각하죠. 어떻게 보면 그 시점이 되면 그 물건이 그렇게 개발이 돼서 나올 시점이 된 거거든요. 시간이 흘러가다 보면 핸드폰만 해도 기능이 점점 바뀌지 않습니까. 기능이 추가되고 내가 개인적으로 다음 세대 핸드폰을 특허 출원을 했는데 회사 연구실에서 어떻게 그와 유사한 기능이 나와 그쪽 걸 채택하게 되면 어떻게 보면 그걸 순리적으로 봐줘야 되는데 사기를 당했다, 아이고 뺏겼다 하고, 생각하는 거죠.

전 ▶ 아이디어를 도용해서 큰 돈을 번 사례들이 있나?

계2 ▶ 주부들은 생활하다 보면 의문나는 점이나 불편했던 점들을 이렇게 개선하면 좋겠다고 생각하는 경우가 있거든요. 그런 아이디어를 출원할 수도 있는 거고. 그렇게 해서 부수입을 올리며 살고 있는 사람들이 있는지?

욱 ▶ 그렇게 돈 번 사람들이 꽤 있긴 하죠. 주부의 아이디어가 실용화된 사례 가운데 가장 많이 알려진 사례가 바로 끈 달린 모자예요, 모자가 안 벗겨지는. 그런데 끈으로는 돈을 못 벌었어요. 그 주부에게 2천만 원의 사용권을 줬다고 하잖아요. 그게 홍보 효과가 있는 거죠. 각 신문사에서, 주부가 간단한 아이디어로 돈을 벌었다, 하는 기사를 냈거든요. 일반적으로 알려진 것 가운데 주부가 빛을 본 경우는 남자 팬티에 소변 보기 쉽게 구멍을 낸 것.

계2 ▶미국에서 어떤 독신 여자는 구멍을 뚫은 머리 끈을 발명했는데 여러 가지 모양을 만들 수가 있대요. 그 제품이 세계적으로 대단히 많이 팔려서 벼락부자가 되었다고 하더군요.

전 ▶남자 팬티의 구멍이 뚫려 있어서 성기가 자꾸 나오니까 천을 겹치는 아이디어를 낸 여자도 있어.

욱 ▶실용신안이죠. 특허하고 실용신안은 우리나라와 일본밖에 없대잖아요.

전 ▶우리나라에는 특허를 내는 경우가 1년에 몇 건이나 되나요?

욱 ▶누계가 5월달쯤인가 대략 30만 돌파했다고 나오더라구요.

계2 ▶등록된 30만 개 이 아이템 가운데 실질적으로 쓰이는 경우는 몇 건이나 되나요.

일 ▶다 잘된 건 아니구요. 한 번이라도 소비자에게 팔려봤던 물건이 3천분의 일 정도 됩니다. 교과서에는 엄청난 돈을 번 사람들만 나오는 거죠. 그리고 그건 옛날이었기에 가능했던 얘기예요.

전 ▶최근의 가장 기찬 발명품이 뭐야? 원조교제 아냐?

욱 ▶우리나라의 경우라면 발광하는 키보드라든가 돌기 있는 훌라후프 그런 정도죠. 일반인들이 알고 있는 경우로 얘기하면. 우리나라 출원에서 히트한 건 다이어트 훌라후프죠. 그리고 이건 일반인들이 잘 모르는 건데 에어컨에 정수기 달린 것도 있어요.

계1 ▶아! 그 중동쪽에서?

욱 ▶ 몇백 억 매출을 올렸다고 그러더라구요. 최근에 거래됐다고 나온 건 핸드폰에 플래시를 달아 2억 원에 사용권을 줬다고 해요. 핸드폰을 누르면 플래시가 들어오는 건데 우리나라에서는 반응이 그다지 좋지 않은데 일본이나 유럽에서는 인기가 있다더군요.

계1 ▶ 우리나라에서 특허 출원이 되면 특허권이 세계적으로 통용되는 건가요.

욱 ▶ 1년 안에 피씨티큐를 해야 됩니다. 1년 동안 잘 생각해 보고 이게 정말 돈이 되겠다 싶으면 기간 안에 피씨티큐 출원을 하는 거죠. 일본에 가서 또 해야 하고, 미국 가서도 또 하고, 또 해야 되는데 보장은 된다는 거죠. 1년 안에 출원을 해놓고 나중에 거기 가서 하게끔 하는 보호장치예요. 비용이 몇 억 들죠. 일본 하나만 해도 깎고 깎아도 육칠백 만원이 들거든요. 미국도 그렇게 들어가죠. 전 세계적으로 좀 팔리겠다 싶으면 기본적으로 1억5천은 생각하고 있어야 돼요.

계1 ▶ 그러니까 우리나라에서 특허를 출원하고, 특허를 받고 상품성이 있다고 생각해서 또 피씨티큐에 또 출원을 하면 최소한 1년 동안은 보호받을 수 있다는 거죠.

일 ▶ 이쪽에서 계속 일해 온 사람 입장에서 보면 이 제품이 수출이 많이 될 것 같으면 특허 출원을 안 해요. 차라리 국내에서는 누가 특허 출원을 해서 사용하더라도 수출이 될 것 같으면 비용이 너무 많이 드니까 특허 출원을 포기하고 그냥 방치해 놓거든요. 방치해 놓는 이유가 우리나라는 선 출원주의이거든요. 누구든지 가져가서 특허출원을 먼저 하는 사람이 장땡이에요. 그런데 미국이나 유럽 같은 곳은 선 개발주의거든요. 먼저 가서 누군가 아이디어를 출원해도 내가 어떤 아이디어 회의에서 무슨 아이디어를 얘기했어요. 그게 녹취 기록에도 남아 있고 몇 년도 몇 시 기록도 남아 있을 경우, 그 사람이 나보다 일주일 먼저 출원을 했더라도 제 특허를 찾아올 수 있거든요. 확실한 증거만 있으면. 그러니까 증거물만 확실하게 남겨놓고 특허 출원 안 하는 방법이 있는 거죠. 국내에서 어떤 기업이 특허 출원을 저보다 먼저 했을 경우 1년 먼저 이분이 국내에서 돈을 번 것에 대해서는 어떻게 제지할 방법이 없어요. 선 출원주의니까. 그런데 이분이 수출이 잘 되어가지고 미국에 수출을 해서 잘 팔린다면 미국 특허는 제가 받을 수 있는 거죠.

전 ▶ 그럴 경우에 다른 사람의 아이디어를 가지고 그렇게 하는 경우도 있습니까?

일 ▶ 있죠. 그런 경우를 잡는 방법도 있어요.

전 ▶ 전혀 아이디어도 없는데 우리나라 특허를 막 찾아보니까 기가 막힌 게 있다, 이겁니다.

욱 ▶ 그 경우엔 등록이 안 됩니다. 등록이 될 수는 있지만 내가 그걸 가지고 있는 사람이면 미국 가서 제 특허를 보여주면 제 것이 되는 겁니다.

계1 ▶ 아까 히트 발명품 얘긴데, 다이어트 홀라후프나 핸드폰 플래시 같은 게 개인 발명가가 만든 건가요?

일 ▶ 개인 발명간데 투자를 받아서 회사를 차렸죠.

전 ▶ 막연하게 아이디어 하나 가지고 돈을 벌 수 있게 되어 있지 않죠, 이 구조가. 이런 것을 예를 들어서 얘기하자는 거거든요. 대개 게으른 사람들이 발명하지 않아요?

일 ▶ 예. 게을러야 돼요. 거의 게을러요.

전 ▶ 전화기를 발명한 경우도 거기까지 말 전하러 가기가 싫단 말이야. 계단 올라가기 싫은 사람이 엘리베이터를 발명한 사람이라고 생각하거든, 나는. 난 게을러야 된다고 생각해. 우리는 게으르면 안 되는 것처럼 생각했지만 그들이 세상을 무진장 많이 바꿔놨다고.

계2 ▶ 게으른 사람이 생각은 더 많이 하겠지요.

전 ▶ 게으른 사람이야 생각은 더 많이 하겠지. 일을 안 하니까.

계1 ▶ 진짜 게으른 사람은 생각하기도 싫어해.

욱 ▶ 제가 보기엔 호탕한 사람은 발명가가 별로 없는 것 같아요. 불편해도 그냥 넘어가니까요.

전 ▶ 소심한 사람들이 발명을 많이한다?

욱 ▶ 좀 그래요. 제가 만나본 사람들은 조금은 그래요. 저도 그런 편이죠. 나중에 바뀌긴 하는데 어렸을 때 성격을 보면, 제가 발명가를 많이는 안 만나봤는데, 대부분 보면 다들 그렇게 말씀하시더라구요. 친구들이 안 놀아줘서 집에서 혼자 놀았다고.

전 ▶ 벨이란 사람이 내가 볼 적에는 형제들이 많았을 거야. 그중에 막내

였을 거라고 생각하거든. 형들이 막 심부름을 시키는 거야. 근데 그게 물건 갖다주는 심부름이 아니고 말 전하라고 하는 거야. 그거 귀찮잖아. 어떻게 보면 산동네 살았을 수도 있어. 그러니까 안 가고 말만 전할 수 없을까 해서 만들었을 거야. 갑자기 전화가 발명되어진 건 아닐 거야.

일 ▶제가 게을르고 귀찮아서 만든 게 있어요. 일반 리모컨 장난감 자동차들 많이 나오죠, 요즘에? 제가 개조를 좀 했어요. 제가 리모컨을 주머니에 넣고 다니면 자동차가 저를 쫓아다니게. 그 위에다가 핸드폰, 리모컨, 담배, 라이터 올려놓고 다니는데 제가 거실에 있다가 방으로 가면 쫓아와요, 그게.

전 ▶게으르기 때문에 생각할 수 있는 거야.

계2 ▶저는 청소하기 굉장히 귀찮아하는데 방 닦을 때 옷 같은 걸 온몸에 다 입고 굴러다니면서 닦을 수 있는 건 없나 하고 생각해요.

일 ▶일본 사람이 애기 옷으로 그런 거 만들었던데……. 엽기 발명가.

계1 ▶효도의자 같은 것도 발명품이죠? 목욕하고 화분 옮길 때도 사용하고 운동도 하고…….

일 ▶저는 우리나라 사람이 만든 게 아닌 걸로 알고 있는데요. 원래는 외국 건데 우리나라에서 등록해서 팔더라구요. 얼마나 빨리 파냐면 우리나라가 국제 발명전에서 상을 타서 상품성이 있다 싶은 건 1개월에서 3개월이면 국내에서 벌써 등록을 받아서 저쪽에서 물건을 내보내지요. 실용신안이 가능하니까. 심한 경우는 공항 이쪽에서 전시회 하는데 저쪽에서 벌써 물건이 나올 정도예요.

전 ▶ 작년에 컴덱스에 가서 내가 키보드를 봤어. 키보든데 고무판 안에다 집어넣어서 접을 수가 있어. 느낌도 좋아, 아주 부드럽고. 내가 120불 주고 사왔거든. 독일 사람이 개발한 건데, 한국에 왔더니 그걸 1만5천 원에 판다는 거야. 신문에도 났어.

욱 ▶ 아이디어 별천지에도 나왔던데. 한국 사람이 개발한 거 아니에요?

전 ▶ 그놈들이 내가 한 거야, 그러면 그렇게 되는 거야. 웃기지.

계2 ▶ 상품화가 안 된 것 같아서 여쭈어 보는데, 센서가 있어서 저절로 켜지고 꺼지는 것 있죠? 그럼 리모컨으로 형광등 켜는 건 없나요?

욱 ▶ 지금 있어요. 팔고 있지요. 박수 소리로 꺼지고 켜지는 것도 있구요.

전 ▶ 소리로 켜지는 등은 아주 오래 쓰더라구. 내가 말하려는 게 그거야. 예를 들면 오키나와에 내가 아는 친구는 한국 떠난 지 10년 됐는데 친구들이 결혼할 적마다 그 친구한테 결혼 선물로 코끼리 밥통을 부탁하거든. 그래서 내가 밥통도 이젠 우리나라 게 훨씬 좋아, 그런 거 보내지마. 우리나라 제품이 코끼리보다 더 좋아, 이렇게 얘기한단 말이야. 그럼 어? 그래요? 그런 게 있어요? 그 친구는 이렇게 얘기하거든. 그런데 사달라는 친구도 일본 것이 더 좋다고 생각한단 말이야. 그래서 일본 거 가지고 들어오다가 걸리잖아. 걸리면 벌금을 문단 말이야. 세금만 내라고 하고 끝난다구. 그러면 그런 일은 끊임없이 반복된단 말이야. 우리나라 밥통 만드는 회사 직원들이 전부 세관에 나와 있어야 돼. 그럼 회사 직원들이 더 적극적으로 홍보하고 더 좋은 제품을 만들지 않겠나 하는 그런 생각이 들어.

욱 ▶ 좀전에 형광등 말씀하셨는데요. 우리가 집을 사면 이미 형광등이 설치가 되어 있거든요. 업자들은 저가 제품만 선호하잖아요. 하지만 고급 아파트에는 다른 형광등이 달려 있거든요. 그러니까 우리가 모르는 것이 거기에는 달려 있는 거예요. 가격대를 맞춰야 하니까 보통 아파트에는 일반 형광등이 달려 있고. 그런데 이미 설치되어 있는 건 웬만해선 사람들이 떼고 다른 걸 달지 않아요. 그래서 아마 많이 못 보셨을 거예요.

계1 ▶ 그거 간편하게 만들 수 있잖아요?

욱 ▶ 가능하긴 하지만 그걸 사다가 분해해서 끼우지는 않는다는 거죠. 세면대도 지금 불편한 사항이 있어도 내가 어디서 좋은 걸 봤다고 그걸 바로 바꿔 끼지는 않잖아요.

전 ▶ 청계천 같은데 괜찮은 제품들이 있는데 괜히 속는 기분이 들고, 싸구려 같은 기분이 들어서 안 사는 경우들이 있는데 좋은 아이디어들이 가끔씩 있어요.

일 ▶ 전 아주 많이 사는데요. 모았다가 버리는 한이 있어도.

전 ▶ 나도 많이 사. 전에 책에도 썼지만 종로 5가부터 종로 2가까지 걸으면서 장사꾼들이 하는 얘기를 듣는 즐거움이 무지하게 커. 그래서 나는 거리의 모노드라마 1인극 배우들이라고 썼어. 혼자 얼마나 재미있게 얘기하는지. 그리고 물건도 사게 하고. 왔다갔다 하는 사람들을 집중하게 만드는 건 어마어마하게 힘든 일이야. 그냥 공연만 하는 게 아니라 사고 싶게 만들잖아. 대단한 능력이지. 그게 좀 과장되고 구라를 치더라도 그걸 관람한 값으로 충분히 처줘야 된다고 생각해. 우리나라에 발명가가 몇 명이나 돼? 발명으로만 먹고 사는 사람들.

욱 ▶ 100명? 다른 직업 없이 순수한 발명가.

계1 ▶ 남들이 보기엔 백수.

일 ▶ 돈을 벌던 안 벌던 일단 백수로 봐야죠. 저도 동네에선 백수로 3년째. 이사한 지 3년째 됐으니까. 출근도 안 하고 낮이면 애 데리고 다니고.

전 ▶ 발명가이면서 백수인 경우에는 세금은 안 내잖아.

계2 ▶ 발명대회 같은 거 초등학교에서도 많이 하는데 거기서 나온 것도 대중화되는 경우가 있나요? 학생 발명대회는 많이 봤는데 일반인을 대상으로 하는 발명대회는 못 본 것 같아요.

욱 ▶ 거의 없죠. 있기는 있는데 그 학생이 돈을 벌었다기보다는 발명가 중에 학생 발명대회 가서 카피하는 사람들이 많아요. 사진 찍고. 그런 사람들이 좀 있어요. 이렇게 출품된 예를 뭘로 들어야 하나? 학생이 한 것 꽤 있는데…….

계1 ▶ 송영욱 씨 같은 경우에 아이디어 오케이에 픽업되기까지 어떤 과정이 있었습니까? 그게 어떤 발명가로서의 공인을 받은 건가요?

욱 ▶ 저는 우연찮게 됐어요. 제가 애들 가르칠 때 쓴 건데요, 뭐냐면 제가 초급 발명가였을 때 특허청에 가서 물어보니깐 서류를 준비하라고 해서 집에 와서 아, 이렇게 쓰면 되겠구나, 싶어 글로 적어놓았어요. 또 그때는 저희 집에 컴퓨터도 없고 워드도 없었거든요. 그래서 상고 다니는 여자 아이에게 부탁해서 워드로 작성해 가지고 갔는데 또 서류를 준비하라고 그러더군요. 그래서 포기하고 특허 출원이라는 게 굉장히 어려운 거다, 라고 생각하고 있다가 발명가협회에 제 아이디어를 한 12가지 정도 가지고 갔었어요. 그러자 다짜고짜 얘기하기를 금상을 주겠다, 대회에 출품해라, 일반인이니까 특허 출원을 하고 와야 된다, 하더군요. 또 출원할 걸 생각하니까 앞이 깜깜하더라구요. 변리사한테 맡기자니 백만 원 정도 비용이 들고. 그러다 보니까 에이 관두자, 내가 무슨 발명이냐 그러면서 그냥 내 아이디어는 아이디어대로 따로 모아두었죠(여러 가지 아이디어를 종류별로 따로 모았어요). 상품화될 수 있는 아이디어는 무슨 아이디어, 무슨 아이디어 해서 모아놓고 글로 옮겨놨죠. 그런데 작년인가 제작년에 우연찮게 친구 녀석을 만났는데 그 녀석이 인포메일이라는 인터넷 회사에서 근무를 하더군요. 그 인포메일이라는 회사의 홈페이지 메인 화면에 7명의 아마추어 작가가 필요하다고 그러더라구요. 요일별로 작가가 필요한 상황인데 마침 작가 한 명이 부족한 상황이었어요. 내가 여러가지 황당한 얘기를 하니까 친구가 니가 써놓은 걸 가지고 와봐라, 하더군요. 그래서 거기에 글이 올라갔었어요. 글이 올라가는 도중 아이디어 오케이고 아이디어 프라자에 제가 아이디어를 제출했었죠. 1차 통과하고 2차를 통과한 다음에 시장성과 사업성을 판단하는 단계까지 와서 아이디어 오케이에서 전화가 왔는데 뭐하시는 분입니까, 하고 묻더군요. 그래서 백순데요, 발명에 관심이 많아서 몇 년 전부터 내 나름대로 글도 쓰고 그랬습니다, 그러니까 한번 방문하라고 해서 얘기 나누고 이 책 썼던 걸 보여주니까 같이 일해 보지 않겠냐고 제안하시더군요.

계2 ▶김대일 씨는?

일 ▶전 처음부터 이것만 생각했습니다. 이 직업을 갖고 싶다고 초등학교 때부터 생각했어요.

계2 ▶발명만 하면서 가정 생활을 유지할 수 있을 정도의 개인 발명가는 얼마나 됩니까?

욱 ▶한 100명 정도 되는 것 같아요. 그런데 많이 날리죠. 돈 벌었다가도 날리고. 실례로 초등학교 과학책에 한국의 발명왕이라고 소개되신 분이 있는데 그분 같은 경우에는 87년 당시 27억 정도를 받고 특허권을 판매했어요. 일본에서 주차할 때 안으로 주차하는 게 힘들 경우 사용하는 보조 도구가 있거든요. 그 특허권을 일본 자동차 회사에 87년 당시에 그 돈을 받고 판매하셨어요. 굉장한 거잖아요. 전까지는 굉장히 돈도 많이 쓰시고 그랬는데 아이템 하나를 크게 판매한 뒤로는 가족들이, 아버지 발명을 이젠 관두십시오. 27억이면 평생 먹고 살 것 같으니까 관두라고 그래서 관뒀어요. 돈도 많이 벌

벌고 특허출원 많이 하신 분이니까 강의 의뢰하러 많이 오시거든요, 초등학교 아이들 앞에서 강연을 하셨대요. 그런데 초등학교 아이들이 발명왕이라고 하니까 제일 많이 물어보는 게 뭐 발명하셨어요? 그거 물어보더래요. 어디를 가든 간에 내가 알 수 있는 무언가를 발명했냐고 물어보는 거거든요. 그 선생님이, 아! 내가 초등학교 교과서에도 실렸는데 초등학생들이 모르는 발명을 하면서 어떻게 초등학교 교과서에 실릴 수 있느냐, 그래서 다시 발명을 시작하셨대요. 그 후 부인하고 이혼을 하셨답니다. 그분께서 발명을 하시는데 샘플이 10억 들어간 제품이 있어요. 도라지가 사람 피부를 벗겨지게 한다네요. 깐 도라지를 마트에서 사봤잖아요. 그게 아주머니들이 일일이 깐 거래요. 까서 판매를 하는 건데 그걸 자동화시키겠다. 도라지를 까는 기계를 만들겠다고 하신 거예요. 도라지 까는 기계는 솔직히 시장성이 있어봤자 얼마나 있겠어요. 그걸 10억 주고 샘플을 만드신 거예요. 그러니까 좀 그러세요. 발명가 분들이…….

일 ▶ 자동차 보면 바퀴가 크죠. 비행기의 경우엔 바퀴가 상대적으로 작아 보이잖아요. 차 바퀴 밑에 4개의 보조바퀴가 있어요. 장난감 가운데 가다가 밑에서 하나 내려와가지고 돌다가 다시 가는 자동차 있지요? 그것처럼 보조바퀴 4개가 차를 들어요. 차를 90도로 확 틀 수 있는데 그 제품이 실용화가 안 되고 사장됐어요.

계1 ▶ 그런데 왜 일본에서?

일 ▶ 그 당시에는 주차난 때문에 그런 게 필요하겠다 하는 생각이 들었던 거죠.

욱 ▶ 자동차 판매는 미국 시장인데 그때도 그렇고 지금도 그렇고 그 나라 사람들은 주차 걱정은 안하거든요. 그렇게 틀어서 주차하고 이런 게 없지요.

계1 ▶ 내수용도 만만치 않을 텐데?

욱 ▶ 주차라는 게 초보자들이나 헤매지, 어느 정도 된 사람이 힘들진 않을 거 아닙니까?

일 ▶ 맞아요. 만약 옵션 비용이 백만 원 추가로 든다면 그 돈으로 다른 장치를 달지, 그 백만 원 가지고 그 일을 할 것 같지는 않아요.

전 ▶ 이야기들을 많이 했는데 좀 도움이 됐는지 모르겠군.

계2 ▶ 발명만 하면 발명가인 줄 알았더니 어려운 점이 무척 많군요.

계1 ▶ 세상에 쉬운 게 어디 있겠어요!

특허 출원은 어떻게 하는가?

-차근차근 특허 출원하는 법을 배워봅시다.

우선 본인이 출원 서류를 직접 작성해서 특허청에 제출하는경우에는 두 가지 경우가 있습니다. 직접 특허청에 가서 관련 서류를 받아 진행하는 방법과 출원인 코드를 등록한 후 전자 출원하는 경우가 있는데 두 가지 모두 비용이 크게 들지 않는다는 장점이 있으나 청구항의 기재를 잘못하여 힘을 발휘하기 힘든 특허가 될 가능성이 높습니다.

특허 서류를 작성하는 데 있어서 제일 중요한 것은 청구항의 범위를 남들이 침해할 수 없게 얼마나 잘 잡느냐인데 이 책을 접하는 초보자분들께서는 청구항을 잘 잡지 못할 가능성이 높으리라 판단됩니다.

아이디어도 있고 돈도 조금 있다라고 하시는 분은 변리사에게 의뢰해서 출원을 하는 것이 좋으리라 봅니다. 비용이 백만 원 가량 들기는 하지만 정말로 돈이 된다는 확신이 있다면 이 돈을 아까워하지 말고 투자를 하는 것이 시간도 절약하고 후에 청구항을 제대로 잡아 돈이 되는 특허가 될 가능성이 높아질 수 있습니다.

하지만 저라면 아이디어 관련 사이트들을 충분히 이용할 것입니다. 점차 아이디어 평가를 유료화로 바꾸어가는 시점이기는 하나, 아직 무료로 서비스를 하고 있는 사이트들도 많으니 그러한 사이트를 이용하여 자신의 아이디어를 평가받기 바랍니다.

선출원 사례들이 있을 경우에는 관련 선출원 사례를 알려주고 선출원 사례는 없으나 사업성이 없을 경우 의견도 제시합니다. 이러한 의견들을 종합

해서 냉정하게 판단해 본 뒤 특허 출원을 해도 되겠다라는 생각이 들면 그 후 변리사 사무실을 찾아가 특허를 내기 바랍니다.

'아이디어가 도용되면 어쩌나.'라고 생각하실 수도 있겠지만 지금 등록이 된 특허만 30만 건이 넘습니다. 그리고 아이디어를 접수받아 사업화하는 사이트들만 보더라도 지금껏 등록된 아이디어가 적게는 몇천 건에서 몇만 건이 되고 회사에서 보유하고 있는 아이디어도 있는데 위험을 감수해 가면서까지 도용을 하겠습니까?

  도용 문제는 접어두고 본인의 아이디어를 여러 아이디어 관련 사이트에 등록해 보세요. 서로 다른 답변들을 해줄 겁니다. 이러한 과정을 여러 번 반복해 보세요. 그러면서 몰랐던 사항을 조금씩 알아갈 수 있습니다. 이러한 과정을 충분히 거치면서 특허도 변리사 통해 몇 건 낸 후에는 직접 출원서를 작성해 비용을 아낄 수 있습니다. 잘 아는 변리사가 없다면 저에게 연락하세요. 소개시켜드릴 테니까요.

  아이디어 발명 특허에 관심이 간다구요? 그럼 순수하게 시작하세요. 야, 이거 돈 되겠다 한 건만 터지면 대박 인생이 될 거야, 라고 생각한다면 〈성공시대〉에서 보았던 발명가라든가 인생대역전에서 보았던 분들을 생각해 보기 바랍니다. '반디펜'을 개발한 분이 있는데 빛이 나는 볼펜 하나 만드는 데 3억 원의 돈을 투자했다고 합니다. 대박의 발명품을 생각하고 있다면 그만큼 투자도 따라야 한다는 것을 잊지 말기 바랍니다. 처음에 시작할 때에는 '이 아이디어는 내가 세계 최초로 생각한 것이다.' 하는 것을 증명하기 위한 방편쯤으로 출원을 했다가 진짜 좋은 아이디어와 금전적·시간적 여유, 열정이 다 맞아떨어질 때에 도전하는 것이 좋으리라 봅니다.

초보자들이 말해주는
특허 출원 방법 A to Z

나도 발명가 ___ 아이디어 고안에서 실용신안 등록까지

고안자 : 문영자, 이승연
기존의 반지를 원터치 귀걸이처럼 변형시켜 손가락 마디가 굵은 사람도 자신의 손가락 굵기에 맞춰 고정시킬 수 있으며 반지 장신구의 모양도 여러 가지로 교체 가능하도록 고안한 반지다.

첫째 날

우리는 우선 강남역에 위치한 특허청을 방문해 보기로 했다. 특허청으로 향하는 발걸음이 가볍지만은 않았지만 막상 찾아가보니 분위기는 흡사 우체국과 같았다. 우리는 안도의 한숨을 내쉬며 특허청 한편에 마련된 민원실로 갔다. 그곳에는 특허나 실용신안과 같은 업무를 안내해 주는 안내원들이 있었다. 안내원 아저씨는 우리를 신기한 듯(?) 쳐다보며 실용신안을 위한 책자를 주셨다.

우리는 책자를 훑어보며 안내원 아저씨에게 특허와 실용신안 출원 비용을 물어보았다.

특허는 1항에 70% 감면해서 54,000원이고, 실용신안 선등록은 1항에 70% 감면해서 15,300원이라고 했다. 그런데 1항이 뭘까?

1항이란?

발명인이 특허를 출원할 때의 청구 범위는 1항에서 3항까지 인데, 발명인이 개발한 것에 대한 자신의 권리의 범위를 정하는 것이라고 한다. 그래서 3항까지 청구하면 180,000원이 든다고 한다.

둘째 날

오늘은 도면을 그리기로 한 날이다. 이럴 줄 알았으면 미술학원에 빠지지 않고 다닐걸. 도면은 별지 제12호 서식으로 제도법에 따라 평면도, 입면도를 흑백으로 선명하게 그려야 한다. 또 필요한 경우에는 사시도, 단면도를 사용할 수 있다. 또 '도면'에 관한 설명은 '도면' 내용 중에 쓸 수 없다. 그래서 별지 제11호 서식 명세서에 설명을 기재해야 한다. 우여곡절 끝에 도면이 완성됐다. 안내원 아저씨가 도면은 알아볼 수 있을 정도면 된다고 했으니…….

셋째 날

오늘은 견본품을 만들기 위해 시장 조사를 하러 종로에 갔다. 종로에는 귀금속 가게가 많으니까 저렴한 가격으로 쉽게 만들 수 있을 거라 생각했는데 의외로 시간도 오래 걸리고 가격은 적어도 250,000원 정도 든다고 한다. 기존의 디자인과 다르기 때문에 수공이 많이 들어간다나? 나 원 참! 이래서 어디 발명하겠나? 어쩌면 샘플 제작은 포기해야 할지도 모르겠다.

넷째 날

앞으로는 가장 중요한 서류를 작성할 계획이다. 지난번 특허청에 가서 받아온 책자를 펼쳐보았다. 실용 무심사 선등록 출원절차라고 적힌 책에는 실용신안을 내기 위한 절차와 서류 작성 방법, 도면 작성 방법이 상세히 적혀 있었다. 별지 제1호 서식은 실용신안 신청인의 인적사항과 고안의 명칭을 기재해야 하고 수수료는 민원 상담원이 가르쳐주겠지. 별지 제4호 서식은 꼭 서면으로 제출해야 하는 서류이다. 출원인의 인적사항을 기재하고 출원인의 인감도장을 찍으면 된다.

그리고 별지 제13호 서식은 요약서로서 발명품의 간단한 설명을 기재한다. 별지 제11호 서식에는 명세서로서 발명품에 대한 상세한 설명을 기재하는 것인데 그다지 어렵거나 문제가 되는 일은 없었다. 왜냐하면 책자에 설명이 아주 상세히 적혀 있었기 때문에 그대로만 작성하면 된다.

다섯째 날

우리는 오늘 등록을 마치기로 하고 강남특허청으로 갔다. 우선 우리가 완성한 서류를 검토하고 안내원 아저씨에게 수수료가 얼마 정도인지를 물어보았다.

기본 출원료 : 25,000원
최초 1년분 등록료 : 26,000원
합계 : 51,000원
감면 면제 사유 : 개인
감면(면제) 후 수수료 : 15,300원

이렇게 싼데 변리사들은 80만 원이나 달라고 했으니. 정말 알고 나니 기가 막혔다. 1번 창구로 가서 출원인 코드를 부여받고 3번 창구에서 마지막으로 서류를 등록하였다.

여섯째 날

수수료를 은행에 납부하였다. 이렇게 한번 실용신안을 등록하고 보니 그다지 어렵지 않은 일을 너무 어렵게만 생각했던 것 같다. 앞으로는 충분히 혼자서도 할 수 있으리란 자신감이 생겼다.